W0405329

LE COCKER

Collection dirigée par le Dr Rousselet-Blanc

Les auteurs

Lesley Scott-Ordish a fondé l'association *PRO Dogs National Charity*. Elle est rédactrice en chef et principale animatrice du magazine *Argos*, qu'elle a lancé en 1976. Elle contribue à de nombreuses autres publications animalières reconnues et participe également à des émissions de radio et de télévision consacrées aux chiens. Par ailleurs, elle publie régulièrement des chroniques des actions caritatives dans lesquelles elle est impliquée.

John Bower est associé dans un hôpital vétérinaire pour petits animaux, à Plymouth (Grande-Bretagne). Il a été président de la *British Veterinary Association* et de la *British Small Animal Veterinary Association*. Il écrit régulièrement dans la presse professionnelle ainsi que dans des magazines destinés au grand public et consacrés aux chiens et aux chats. Il a co-signé deux livres sur la santé des chiens, et est membre du Kennel Club.
Caroline Bower exerce la même profession que John Bower. Elle s'intéresse particulièrement à la prévention et au traitement des troubles du comportement, et donne des conférences sur l'élevage et l'éducation des chiens.

LE COCKER

Lesley Scott-Ordish

HACHETTE

© 1996, HarperCollins*Publishers* Ltd.
© 1998, Hachette Livre (Hachette Pratique), Paris, pour la présente édition.

Sommaire

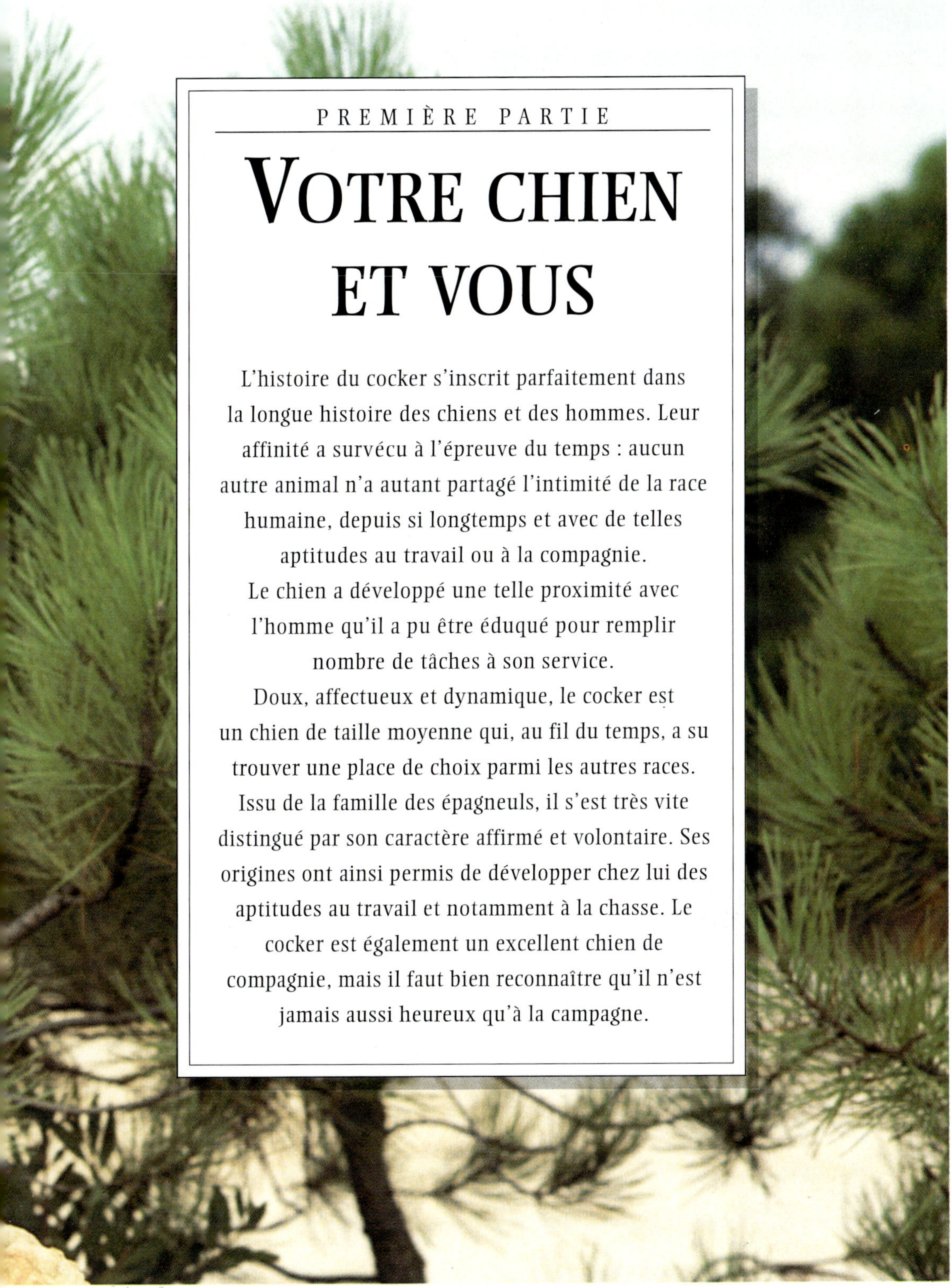

PREMIÈRE PARTIE

VOTRE CHIEN ET VOUS

L'histoire du cocker s'inscrit parfaitement dans la longue histoire des chiens et des hommes. Leur affinité a survécu à l'épreuve du temps : aucun autre animal n'a autant partagé l'intimité de la race humaine, depuis si longtemps et avec de telles aptitudes au travail ou à la compagnie.
Le chien a développé une telle proximité avec l'homme qu'il a pu être éduqué pour remplir nombre de tâches à son service.
Doux, affectueux et dynamique, le cocker est un chien de taille moyenne qui, au fil du temps, a su trouver une place de choix parmi les autres races. Issu de la famille des épagneuls, il s'est très vite distingué par son caractère affirmé et volontaire. Ses origines ont ainsi permis de développer chez lui des aptitudes au travail et notamment à la chasse. Le cocker est également un excellent chien de compagnie, mais il faut bien reconnaître qu'il n'est jamais aussi heureux qu'à la campagne.

Chapitre 1

L'HISTOIRE DU COCKER

Origine et évolution de la race

Avec ses longues oreilles, son pelage soyeux et frangé, le cocker a belle allure. Souvent choisi comme animal de compagnie, on l'imagine difficilement à l'affût dans les champs. Pourtant, jadis, le cocker était utilisé comme chien de chasse et de travail. Ses instincts de chasseur se manifestant à la première occasion, un cocker à la campagne est très heureux, toujours prêt à lever les oiseaux ou à pister un lapin. Ses qualités olfactives lui permettent de détecter ce qui nous échapperait complètement au cours d'une promenade.

Évolution de l'épagneul

Les épagneuls sont originaires d'Espagne, on en retrouve des traces au XIVe siècle. Le terme vient peut-être de l'ancien français *espaignol* selon les historiens spécialisés, mais d'après une autre thèse, plus approximative, le mot serait dérivé de *s'espanier*, verbe de l'ancien français signifiant s'aplatir, se coucher. De fait, les setters et les pointers se figent devant du gibier à plume.

Dès le XIVe siècle, dans la littérature anglaise, il est fait référence aux « *spanyells* ». Ils apparaissent aussi dans de nombreux tableaux de scènes de chasse dès 1535. Des peintres tels Rembrandt, Rubens, Vélasquez, Metsu, Coypel, Nattier ont largement représenté ces « épagneuls ». D'autres descriptions sont données dans des ouvrages anglais du XVe au XVIIIe siècle. Présents à la cour d'Henry VIII et à celle d'Élisabeth 1re, les spaniels sont venus d'Espagne en Angleterre. C'est de ces chiens que les Anglais ont conçu le cocker.

Au XVIIe siècle, en Europe occidentale, un certain nombre de types d'épagneuls étaient très populaires pour leur contribution à la chasse. Lever et retrouver le gibier à plume était à peu près toujours le même travail mais la diversité des terrains et des variétés d'oiseaux occupant l'habitat provoqua le besoin de disposer de plusieurs types de chiens. On vit alors apparaître, d'un district à l'autre, des épagneuls aux tailles et caractéristiques différentes.

Le cocker n'est jamais aussi heureux qu'à la campagne où il peut exercer à loisir ses talents de chasseur.

Au début du XIXe siècle, les Britanniques ajoutèrent le préfixe « cocker », par référence à la capacité de certains animaux à lever et à retrouver la bécasse (en anglais :*woodcock*). À cette époque, du fait de sa morphologie bien adaptée à la chasse en couvert bas et dense, le *cocking spaniel* bénéficia d'une faveur croissante au pays de Galles et dans le sud-ouest de l'Angleterre.

Les débuts de la popularité

C'est seulement en 1892 que le Kennel Club anglais (KC) a reconnu le cocker spaniel en tant que race, marquant ainsi le début de sa popularité.

Cet engouement peut s'expliquer par un certain nombre de qualités : le cocker est un agréable compagnon qui se distingue des autres chiens par son caractère doux et joyeux. Cela justifie parfaitement que le standard de la race mentionne aujourd'hui la gaieté de son naturel. À cela s'ajoute sa morphologie compacte qui lui permet d'être un excellent chasseur, mais aussi l'harmonie de son aspect, son désir de toujours faire plaisir à son maître et son aptitude à l'éducation.

Enfin, quand il remue la queue avec frénésie et enthousiasme en suivant une piste, il a le pouvoir de changer la disposition d'esprit de ceux qui se promènent ou chassent avec lui...

Le cocker a un pelage très doux et soyeux, et les caresses seront aussi agréables pour le chien que pour son maître.

L'HISTOIRE DU COCKER

- XIVe s. : arrivée d'épagneuls dans les îles britanniques en provenance d'Espagne.
- XVIIe s. : nombreuses variétés d'épagneuls en Europe occidentale.
- XIXe s. : attribution du préfixe « cocker » aux épagneuls les plus petits, en Grande-Bretagne.

1892 : reconnaissance par le KC.

Ce chien docile et très affectueux aime aussi à se faire câliner. Il possède d'ailleurs une robe plate et soyeuse qui incite aux caresses.

Bien souvent un chien est choisi pour devenir un compagnon ou en vue de le faire reproduire. La nature du pelage est un critère important de sélection et rentre toujours en ligne de compte, de manière consciente ou non.

Cependant, en dehors du plaisir tactile que cela procure, le pelage est un critère qu'il faut toujours prendre en considération quand on choisit un chien. Sur le moment, le futur propriétaire peut être séduit par une robe à poil long mais il doit penser aux contraintes que réclameront ensuite les soins et le toilettage réguliers.

La consécration

C'est juste après la fin de la Première Guerre mondiale que les cockers ont connu la consécration, en remportant des victoires spectaculaires à l'exposition de Cruft, dans l'épreuve « *best in show* ».

Cette manifestation est organisée tous les ans sous l'égide du Kennel Club anglais. Les deux guerres mondiales et un certain nombre d'autres événements ont empêché d'en respecter la périodicité. Ainsi, par exemple, elle ne s'est tenue, ni entre 1918 et 1920, ni entre 1940 et 1947. Par ailleurs, ce n'est qu'en 1928 que fut instaurée la célèbre récompense *best in show*. Désormais, ce titre est décerné au meilleur chien de l'exposition, toutes races confondues. Ainsi le chien

Tracey Witch of Ware fut couronnée « best in show » aux expositions de Cruft de 1948 et 1950, la manifestation n'ayant pas eu lieu en 1949.

considéré comme le meilleur de sa classe concourt pour le titre de meilleur de groupe. Puis chaque groupe se présente (il y en a dix) ; seul le meilleur de groupe concourt pour la place suprême.

En 1930, puis à nouveau en 1931, c'est au cocker spaniel Luckystar of Ware, (H.S. Lloyd), qu'échut la couronne du *best in show*. Puis, en 1938 et 1939, celle-ci revint à Model of Ware (du même propriétaire). Après la suspension de la manifestation due à la guerre, les cockers de Mr Lloyd revinrent sur le devant de la scène : Tracey Witch of Ware gagna en 1948, puis en 1950. Au total, un palmarès jamais égalé.

Luckystar of Ware a été déclaré « best in show » (« Meilleur chien de l'exposition ») en 1930 et 1931.

LES DIFFÉRENTS GROUPES

Voici les dix groupes enregistrés par la Société centrale canine :

■ Groupe I : bergers ■ Groupe II : chiens de garde et d'utilité ■ Groupe III : terriers ■ Groupe IV : teckels ■ Groupe V : chiens nordiques et races primitives ■ Groupe VI : chiens courants ■ Groupe VII : chiens d'arrêt ■ Groupe VIII : retrievers et spaniels (dont le cocker) ■ Groupe IX : chiens de compagnie ■ Groupe X : lévriers.

LE STANDARD DE LA RACE

Les standards de la race sont établis et diffusés par la Fédération cynologique internationale (FCI, voir p. 144). Ils décrivent les caractéristiques considérées par les experts comme étant les plus souhaitables, fondées sur les capacités de travail d'une race donnée. D'un pays à l'autre, ils ne présentent que des différences mineures. Ainsi, par exemple, la taille idéale d'un cocker mâle aux États-Unis (où il est appelé *English Cocker Spaniel*) est de 40 à 42,5 cm, alors qu'en Grande-Bretagne elle est de 39 à 40 cm.

Queue
Écourtée (voir p. 24). La queue est portée horizontalement, le fouet, attaché plus bas que la ligne du dos. Son frétillement joyeux doit être incessant en période d'action.

Corps
Compact ; poitrine développée, et région thoracique cintrée. Rein court et large, ligne supérieure en pente douce de la fin du rein à l'attache de la queue.

Membres
Puissants et musclés. Les canons métatarsiens de l'arrière-main sont courts pour donner de l'impulsion.

Poil
Plat, texture soyeuse. Poitrine, membres et ventre garnis de franges.

Tête
Crâne et museau d'égale longueur, avec un stop bien marqué situé à mi-distance de l'extrémité de la truffe.

Yeux
Intelligents et doux, bruns ou brun foncé.

Gueule
Mâchoires fortes, articulé en ciseaux ; les incisives sont implantées à l'aplomb des mâchoires.

Oreilles
Attachées bas, au niveau des yeux ; en forme de lobe, portent de belles franges de poils soyeux.

Pieds
En « pieds de chat », fermes avec des coussinets épais.

LE COCKER MÂLE

Il doit avoir deux testicules, complètement descendus dans le scrotum. Toutefois, ils ne descendent pas toujours en même temps, et ne sont visibles qu'au bout de quelques semaines ou mois. Vérifiez cela avec précaution lors de l'achat du chiot et, en cas de doute, faites faire le contrôle par le vétérinaire dès sa première visite. Un chien monorchide (n'ayant qu'un seul testicule) ou ayant un testicule non descendu peut présenter des problèmes ultérieurs, et ne pourra ni participer à des expositions ni servir d'étalon, pour cause de refus de confirmation.

LA DIVERSITÉ DES ROBES

Les cockers présentent une grande diversité de couleurs de robes, qu'aucune autre race ne peut égaler. Quand ils sont unicolores, ils peuvent être noirs, roux (ou feu) ou blonds. Mais cette dernière teinte est bien moins courante que le roux.

Quand un chien présente une robe unicolore, on considère comme un défaut la présence de poils blancs sur une partie du corps autre que la poitrine.

On trouve également des chiens dont la robe est composée de plusieurs couleurs, auxquelles peut être associé du blanc, et qui donne un pelage, soit moucheté, soit comportant de larges taches de couleur.

Mentionnons particulièrement la robe bicolore, noire et feu. Les chiens présentant un tel pelage sont issus du croisement de deux parents qui ont une robe unicolore, et qui sont porteurs d'un gène particulier. Comme c'est parfois le cas pour les tricolores, les cockers noir et feu présentent des taches orange au-dessus des yeux. Dans la tradition

D'un cocker à un autre, on note des robes très variées, qui peuvent être unicolores ou non.

tibétaine, on dit que ces chiens seraient dotés de pouvoirs de perception magiques et pourraient avertir leurs maîtres de l'imminence d'un malheur ou d'un désastre. Toutefois, ces taches, que l'on retrouve chez tous les chiens de couleur noir et feu, toutes races confondues (doberman, rottweiler, border-terrier, jagd terrier, saluki, beauceron, etc.), correspondent en fait à des grains de beauté colorés, liés à des fonctions physiologiques.

Les cockers noir et feu ou tricolores présentent parfois des taches orange au-dessus des yeux.

CHAPITRE 2

LE PRIX DE LA POPULARITÉ

LE COCKER : UNE RACE À PRÉSERVER

Très en vogue dans les années 70, le cocker figurait au palmarès des chiens les plus vendus en France. Il fut cependant victime de son succès car des éleveurs peu scrupuleux se lancèrent dans une production anarchique ne tenant plus compte des critères de sélection de la race. Par ailleurs, considérer le cocker non plus comme un chien de chasse qui a besoin de se dépenser mais comme un chien de compagnie sédentaire l'a détourné de sa vraie vocation, ce qui a pu avoir comme conséquence de développer une tendance caractérielle.

Aujourd'hui, il existe beaucoup trop de chiots qui, pour des raisons de comportement ou d'inadaptabilité, sont abandonnés par leur maîtres.

LE COCKER ET LES PERSONNES ÂGÉES

De par son caractère doux et affectueux, le cocker est un compagnon idéal pour les personnes qui souffrent d'isolement. C'est pourquoi les personnes âgées ont souvent un animal de compagnie qui leur permet d'entretenir un contact avec l'extérieur. En les incitant à sortir, il leur permet de conserver une activité physique et leur redonne goût à la vie.

Pourtant un cocker bien éduqué et épanoui est spontanément un chien doux et affectueux. C'est pourquoi, depuis quelques années, ce chien revient à la mode et, en France, le nombre d'inscriptions totales au Livre des origines français (LOF) n'a cessé d'augmenter (5 850 en 1996). Si vingt-quatre clubs sont consacrés aux cockers de toutes espèces en Angleterre, en France il n'existe qu'un seul club de race qui regroupe aussi bien les cockers anglais que les cockers américains. Ce club est placé sous l'égide de la Société centrale canine (SCC). Son rôle est d'aider à l'amélioration de la race en apportant son soutien à des éleveurs de qualité, et d'en assurer la promotion auprès du public.

Les chiens d'exposition

Les expositions sont des rendez-vous importants qui ont lieu dans toute la France, presque chaque week-end. Elles permettent de réunir plusieurs sujets de chaque race et d'évaluer les critères de standard de chacun. Elles servent aussi à souligner l'évolution du type de la race (voir p. 79, sur les expositions).

Bien sûr, les chiens gagnants ne sont pas toujours les mêmes chaque semaine, d'une part, parce qu'un très beau chien ne peut être au mieux de sa forme tout au long de l'année, d'autre part, bien que tous les cockers puissent sembler identiques, ils ne le sont pas dans le type, et un juge pourra préférer le type et le tempérament d'un chien, alors que la semaine suivante, un autre juge appréciera davantage les qualités d'un autre chien. Et cela, bien que la sélection soit basée sur les critères de la race définis par le standard. C'est pour cette raison que les choix des juges peuvent surprendre les néophytes la première fois qu'ils présentent leur chien.

La demande en chiots

Lorsque la demande en chiots augmente, on peut craindre une augmentation de naissances non contrôlées, effectuées par des particuliers qui n'en ont pas la compétence. Souvent ces personnes sont des particuliers qui s'improvisent « éleveurs », font naître des portées mais ne savent pas prodiguer les soins appropriés et ne préviennent pas de l'introduction de défauts de constitution dans les lignées.

C'est pourquoi il est toujours conseillé de choisir un chiot chez un éleveur réputé, adhérant au club de race.

Cela permet d'offrir toutes les garanties car l'éleveur s'engage à fournir un chiot en parfaite santé, bien équilibré et dont les origines ont été confirmées. Il doit également s'assurer que le chien pourra bénéficier du bien-être qui lui est nécessaire. En outre, le rôle de l'éleveur ne s'arrête pas aux portes du chenil et, en cas de problème, quand le chiot a rejoint son nouveau foyer, l'éleveur répondra à vos questions.

LES DÉFAUTS GÉNÉTIQUES

Une race est à la mode devient parfois victime de son succès. Elle dégénère par faute d'éleveurs peu scrupuleux qui n'ont pas veillé au respect des caractéristiques propres à la race, ou de particuliers qui se sont lancés dans la reproduction de chiens avec négligence. Les deux ont contribué à l'introduction de certains défauts génétiques et à la diffusion de sujets présentant des tares. Il arrive également qu'un éleveur consciencieux ne laisse s'accoupler que les meilleurs représentants de la race de façon à transmettre leurs qualités à la portée. Malheureusement, ce soin apporté à la sélection augmente le risque de voir se manifester un certain nombre d'anomalies liées à la consanguinité.

C'est ainsi que l'importante demande de cockers qui s'est produite dans les années 70 a entraîné des dérives.

Les cockers sont de très beaux chiens d'agréable compagnie. À condition de s'y prendre dès le départ, les problèmes de comportement peuvent être corrigés.

Les conseils qu'il vous donnera vous seront précieux pour l'éducation de votre compagnon, pour bien choisir son alimentation et suivre sa croissance. Autrement dit, si vous avez pris sérieusement la décision d'avoir un chien, n'hésitez pas à recourir aux avis de personnes expertes quand surgissent les difficultés : cela vous évitera de vous retrouver avec un animal impossible à assumer pour vous ou quiconque.

LE COMPORTEMENT DU COCKER

Le cocker est d'un naturel gai et toujours disposé à faire plaisir. C'est ce tempérament joyeux qui le caractérise le mieux et qui l'a rendu si populaire. Aussi est-il un compagnon agréable.

Pourtant, dans les années 30, le cocker n'avait pas cette réputation. Il semble même que l'on se souciait plus de la couleur de sa robe que de son caractère... Ainsi la petite histoire raconte, qu'à la même époque, un splendide étalon à la flamboyante toison rousse (mais au caractère désastreux) aurait été abusivement utilisé en saillie dans le seul but de conserver ses traits de beauté. Les spécialistes ne pensaient pas que le caractère était héréditaire. Pourtant, cet atavisme a bien été transmis à ses descendants de même couleur. Voilà pourquoi pendant longtemps les cockers de couleur feu ont eu la fâcheuse réputation d'être des chiens mordeurs, ce qui a alors porté préjudice à la race. La demande en cockers a diminué au profit d'autres races de même gabarit, mais au caractère plus sociable, comme l'épagneul breton, ou encore le beagle.

Le syndrome de la rage

De la même manière, on a pu constater que certains cockers (surtout ceux qui possédaient un pelage roux) étaient affligés de ce que l'on appelle le « syndrome de la rage ». C'est un comportement étrange et tout à fait inattendu, souvent provoqué par l'arrivée d'un visiteur : retraite derrière un meuble, aboiements furieux et inhabituels, mécontentement.

Le cocker feu est en général un compagnon fiable et charmant ; toutefois, certains sujets à robe unicolore peuvent présenter des troubles du comportement.

Ce syndrome de la rage ne touche qu'un faible pourcentage de cockers mais les sujets atteints ne présentent pas une fiabilité satisfaisante. Ils peuvent mal interpréter un mouvement ou un geste de la part de leur maître. Par exemple, tendre et lever soudain les bras pour lire un journal peut être perçu par un chien manquant d'équilibre comme une menace l'obligeant à se défendre. Un chien n'attaquant jamais sans avoir au préalable donné des avertissements, il est utile d'observer l'animal pour pouvoir prévoir ses réactions. Dans l'expression de son faciès, soyez sur vos gardes s'il retrousse légèrement les babines.

Un chien atteint par ce syndrome ne doit jamais être laissé seul avec des enfants, et il portera une muselière adaptée à sa morphologie pour sortir.

Remédier aux problèmes de comportement

Les chiens présentant des problèmes de comportement, aussi beaux soient-ils, ne devraient pas être autorisés à servir d'étalon en vue d'élevage. Pour ce faire, le club de race s'est alors engagé à sélectionner « ses » éleveurs, et à leur imposer des critères de sélection. Certaines lignées ont donc été déconseillées pour la reproduction. Puis, afin d'éradiquer les sujets « douteux », le club de race en France a inventé un test d'aptitude naturelle (TAN) qui, en fait, est un test de caractère. Tous les éleveurs sérieux qui ont le souci d'obtenir des chiots sains se sont soumis à ce test. Ce long et difficile travail collectif fut couronné de succès, puisqu'aujourd'hui, le cocker a su retrouver sa réputation d'antan.

Le cocker étant désormais largement considéré comme un chien de compagnie, il convient de « produire » des bons chiens susceptibles de bien s'adapter à une cellule familiale pendant une quinzaine d'années. Pour éviter les mauvaises surprises, il faut choisir son chiot chez un véritable éleveur de race. Le prix risque d'être un peu plus élevé mais la « qualité » de l'animal s'en ressentira nettement.

LES CHIENS ET LA SOCIÉTÉ

Un chien présentant des troubles du comportement est aussi un danger pour les autres ; en public, le maître doit savoir contrôler son animal.

PRUDENCE À L'ACHAT

Avant tout achat, il est conseillé de se renseigner sur les origines des géniteurs du chiot dont vous allez faire l'acquisition. Les deux parents doivent aussi avoir passé avec succès le test d'aptitude naturelle (TAN).

LA CODECTOMIE EN QUESTION

En France, la codectomie (c'est-à-dire l'« écourtage » de la queue) est encore largement pratiquée et les polémiques ne sont pas aussi vives que dans certains autres pays d'Europe (voir encadré ci-contre).

Elle est pratiquée par un vétérinaire expérimenté, seulement quelques jours après la naissance des chiots. Ils ne souffrent pas de cette opération.

Les Français ne sont pas encore familiarisés avec le port de la queue longue sur les races chez lesquelles habituellement il est d'usage de l'écourter. Mais il faut savoir que si vous souhaitez absolument acheter un chiot cocker ayant « toute sa queue », cela est tout à fait possible, à condition, bien sûr, d'informer l'éleveur de votre désir avant la naissance de la portée.

Pour un chien de compagnie, le port de la queue longue n'a guère d'importance, si ce n'est pour vos objets sur une table basse qu'il risque de faire voler en frétillant de la queue... En revanche, pour un chien d'exposition, les sujets à la queue longue ne sont pas prisés sur les rings de beauté français.

En Angleterre, sous la pression de quelques associations, il est devenu illégal de pratiquer la codectomie sur les cockers. Cette chienne a ainsi pu garder sa queue naturelle.

LA CODECTOMIE EN GRANDE-BRETAGNE

En Grande-Bretagne, la question de la codectomie des cockers reste un sujet délicat suscitant des polémiques entre les éleveurs et certaines associations « d'assistance aux animaux ». Bien que le standard de la race précise effectivement que « le fouet (...) est habituellement écourté », le Royal College of Veterinary Surgeons a considéré que la coupe de la queue n'apportait aucun bénéfice aux chiens, et que les vétérinaires faisaient un acte contraire à l'éthique en écourtant la queue des chiots pour de simples raisons d'ordre esthétique ou pratique.

En 1991, un amendement au Veterinary Surgeon's Act est allé plus loin en édictant que le fait, pour un éleveur (ou même un particulier), de continuer à couper la queue d'un chien était constitutif d'un délit. Malgré cela, la queue des cockers fait toujours l'objet d'un « écourtage » dans les autres pays d'Europe et aux États-Unis.

Au Royaume-Uni, les nouvelles lois n'ont pas eu les conséquences immédiates espérées par les groupes de pression. Le sujet suscite toujours des controverses, notamment chez certains éleveurs traditionnels qui ne souhaitent pas de changement. Des partisans de la codectomie ont aussi pesé de tout leur poids pour que soit maintenu le *statu quo* et pour trouver des vétérinaires qui acceptent encore de pratiquer l'opération.

Le chien au travail

Cependant, si vous faites l'acquisition d'un cocker dans le but de partir à la chasse, il est préférable de faire pratiquer la codectomie. Cela a pour avantage de lui éviter bien des désagréments, notamment lorsque l'animal travaille dans les épineux ou les ronces d'un sous-bois (absence de nécroses, moindres écorchures, etc.).

La queue sert aussi à émettre des messages, soit aux autres chiens, soit aux maîtres qui les observent. En effet, à la chasse, un chien à la queue écourtée a un frétillement beaucoup plus marqué qu'un chien à la queue longue. De plus, en France, le cocker est un chien encore très largement utilisé pour ses qualités de chasseur. C'est ce qui explique que la codectomie soit encore très pratiquée.

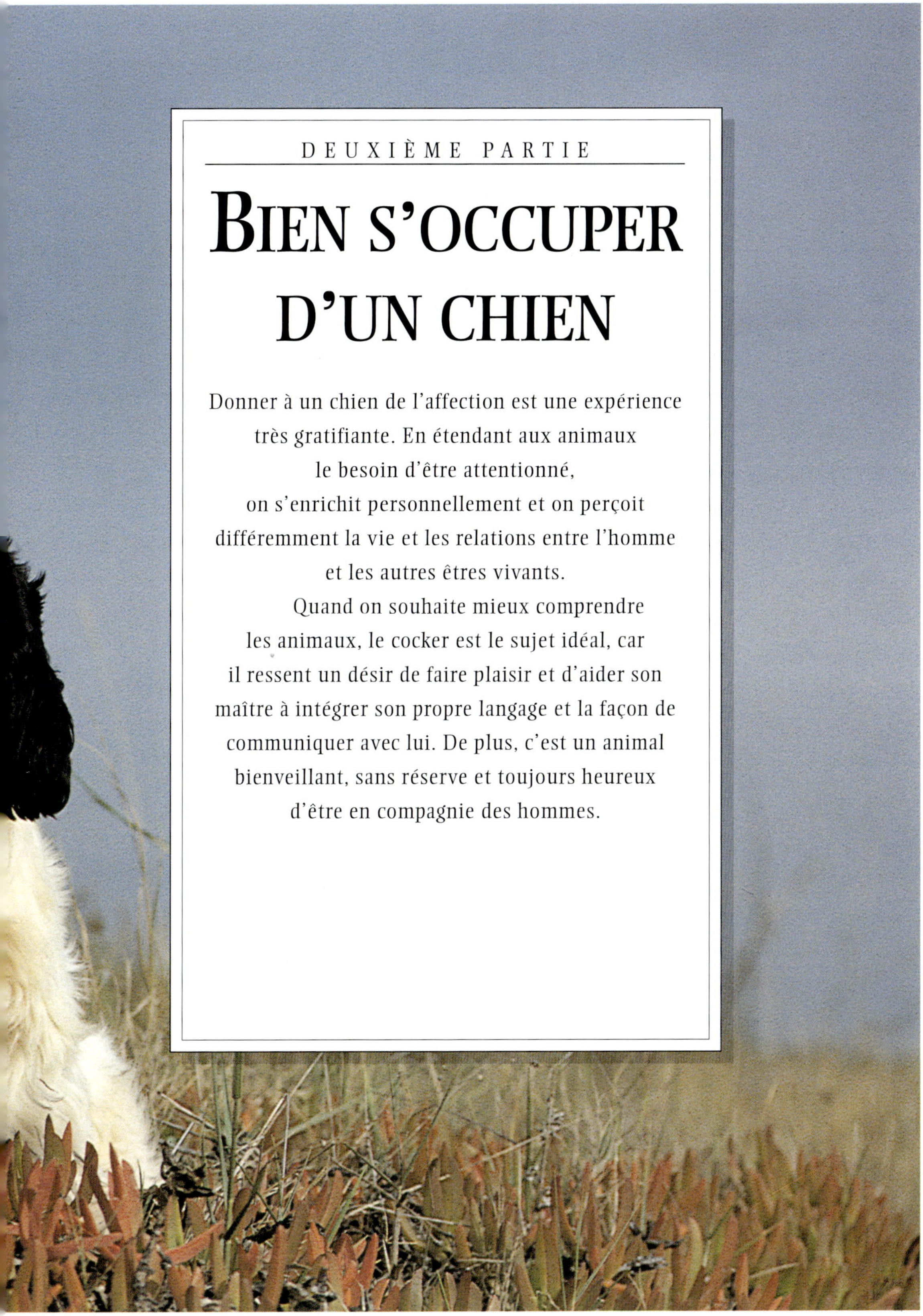

DEUXIÈME PARTIE

BIEN S'OCCUPER D'UN CHIEN

Donner à un chien de l'affection est une expérience très gratifiante. En étendant aux animaux le besoin d'être attentionné, on s'enrichit personnellement et on perçoit différemment la vie et les relations entre l'homme et les autres êtres vivants.

Quand on souhaite mieux comprendre les animaux, le cocker est le sujet idéal, car il ressent un désir de faire plaisir et d'aider son maître à intégrer son propre langage et la façon de communiquer avec lui. De plus, c'est un animal bienveillant, sans réserve et toujours heureux d'être en compagnie des hommes.

CHAPITRE 3

LE CHIOT COCKER

OÙ L'ACHETER

Choisir un chiot, c'est conclure la recherche d'un compagnon très proche qui va partager votre vie pendant une douzaine d'années. Il est donc important que vous consacriez du temps pour sélectionner un chiot dans les endroits les plus fiables et les plus prometteurs.

Trouver les bonnes sources

■ **Les expositions canines**
Assister à une ou deux expositions de la race les plus proches de chez vous vous permettra de regarder le grand nombre de cockers qui y sont réunis, et de rencontrer éleveurs et exposants. En observant le comportement des juges, vous pourrez sélectionner un chien qui vous plaira vraiment ; promenez-vous autour des rings ; à la fin des jugements, vous pourrez vous adresser aux participants qui se feront un plaisir de vous aider (les coordonnées des exposants sont dans le catalogue).

■ **Les magazines**
Le calendrier des manifestations se trouve dans les magazines spécialisés, ou vous pouvez en faire la demande auprès de la SCC (voir Adresses utiles, p. 144).

■ **Les vétérinaires, les amis**
Un vétérinaire peut vous conseiller un éleveur installé près de chez vous. Vous

CE QU'IL FAUT ÉVITER

Pour acquérir un chiot cocker dont les origines soient sûres, évitez à tout prix :

■ **les éleveurs qui gèrent jusqu'à quinze races différentes**. Il leur est impossible d'apporter les soins appropriés et l'attention nécessaire à chaque race ;

■ **les animaleries** qui pratiquent des prix plus élevés que les éleveurs qualifiés et dont les chiots sont bien souvent importés massivement de l'étranger, sans contrôle vétérinaire, et à un trop jeune âge. Il est fréquent que ces chiens qui ont transité en divers endroits développent des maladies et vous causent quelques soucis.

■ **les journaux gratuits ou locaux** sur lesquels figurent nombre d'annonces « alléchantes ». Les chiots qu'ils proposent n'émanent pas d'éleveurs professionnels. En conséquence, vous n'auriez aucun recours contre ces derniers en cas de maladie ou de décès de l'animal, quel qu'ait été le prix payé !

pouvez aussi tirer parti de vos connaissances personnelles, et solliciter leur aide pour trouver le chien que vous désirez.

■ **Les refuges pour animaux**

Les refuges proposent des chiens à adopter, mais ceux-ci ont en général un certain âge. Les circonstances de leur arrivée au refuge peuvent être très diverses : par exemple, le décès du propriétaire sans qu'aucun héritier ne puisse recueillir le chien, ou un changement de contexte familial entraînant la solitude de l'animal pendant toute la journée. Mais la plupart du temps, la raison est que le précédent propriétaire s'est montré incapable de gérer correctement son chien, qui risque alors d'avoir pris de très mauvaises habitudes.

Dans les bons refuges et auprès des associations compétentes, on vous fournira une évaluation du chien, et en échange on ne vous laissera l'emmener qu'après vous avoir posé de nombreuses questions sur votre mode de vie. Mais en tout état de cause, un animal perturbé va vous demander beaucoup de patience et de compréhension pour que vous arriviez à effacer les chagrins et les difficultés qu'il a pu rencontrer. Si vous n'avez jamais eu de chien, sans doute est-il préférable de commencer avec un chiot, même si cela passe par une phase un peu délicate d'apprentissage de la propreté.

AVANT DE CHOISIR UN CHIOT

Les chiots naissent aveugles puis, vers l'âge de 2 semaines, leurs yeux s'ouvrent. Ils sont alors encore trop jeunes pour que vous leur rendiez visite. Vous risquez d'amener des agents infectieux dans la portée, ou de stresser la mère, naturellement protectrice envers ses petits.

Une fois que vous avez déterminé la filière vous convenant, sélectionnez un chiot susceptible de rester longtemps avec vous.

Avant de prendre rendez-vous pour visiter la portée, lister les points à vérifier. De son côté, l'éleveur aura probablement lui aussi un certain nombre de questions à vous poser avant que vous ne parveniez ensemble à un accord.

Les questions qui vous seront posées

■ Un éleveur sérieux s'assurera que les chiots trouveront un foyer où ils auront de la compagnie pendant toute la journée, ou à tout le moins que les rythmes professionnels ne condamnent pas les animaux à l'isolement.

■ Il insistera également sur l'importance qu'il y a à disposer d'un jardin sûr et bien

À 4 semaines, les chiots sont manipulés exclusivement par l'éleveur. Vous ne pourrez en emporter un qu'à l'âge de 10 semaines.

clôturé, dans lequel vous pourrez aménager un espace pour le chiot.

Les questions à poser

- Mettez-vous d'accord sur les conditions financières : le prix du chiot, ainsi que le montant de l'acompte de réservation. Si vous payez en liquide, demandez un reçu.
- Le sevrage commence vers la cinquième semaine et dure environ 20 jours. Votre chiot sera donc sevré lorsque vous l'accueillerez à l'âge de 10 semaines. Pensez alors à demander à l'éleveur une notice et un peu de nourriture à laquelle le chiot est déjà habitué afin qu'il ne soit pas perturbé les premiers jours suivant son arrivée chez vous.
- Demandez l'âge des chiots de la portée qui vous intéresse : un chiot ne

doit pas être cédé avant l'âge de 10 semaines. Pour son équilibre psychologique ultérieur, il a en effet besoin de la présence de ses frères et sœurs mais aussi de sa mère pour le rassurer et pour lui apprendre le sens de la hiérarchie. La socialisation commence dès les premiers jours qui suivent la naissance des chiots et est assurée par les congénères.

Les chiots se développent très rapidement entre 10 et 13 semaines. Ils aiment jouer avec leurs compagnons de portée ; c'est à ce moment-là que s'instaurent les bases de la socialisation.

■ Renseignez-vous sur le pedigree, et assurez-vous que l'éleveur a bien enregistré la portée auprès de la Société centrale canine. Si cette formalité n'a pas été remplie, vous ne pourrez pas devenir le propriétaire officiel de l'animal, vous ne serez pas autorisé à participer en votre nom à des expositions et vous ne pourrez pas non plus immatriculer la descendance éventuelle de votre chien.

■ Vous devez posez avec tact des questions vous permettant de savoir si les chiots présentent une affection héréditaire connue de l'éleveur, et si les parents ont subi des examens destinés à limiter les risques. Dans la plupart des

LES POINTS À VÉRIFIER

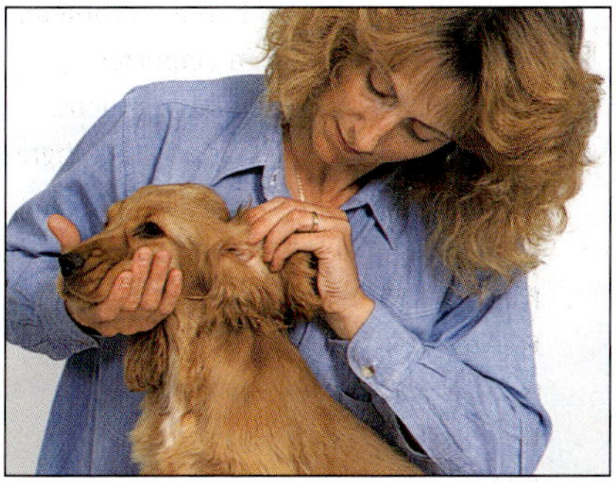

1 Tirez l'oreille vers l'arrière pour vérifier l'absence de cire noirâtre.

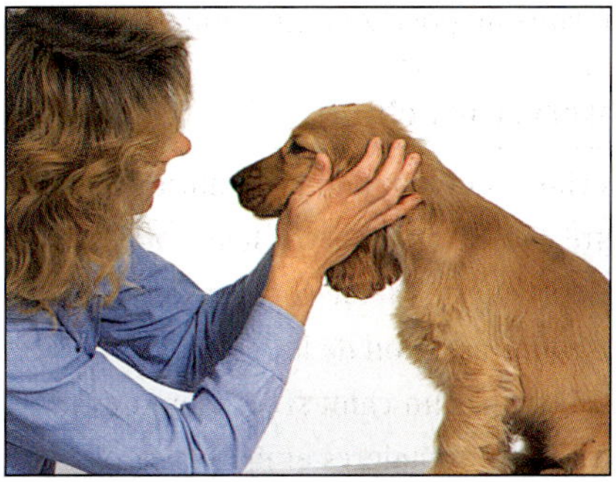

2 Observez l'expression générale ; les yeux doivent être non purulents.

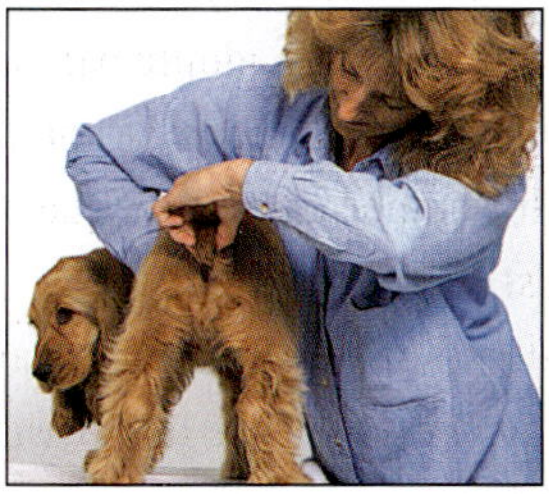

3 Contrôlez l'absence de renflement qui indiquerait une hernie ombilicale. Chez un mâle, vérifiez que les deux testicules sont bien descendus.

4 Vérifiez l'articulé des dents (voir p. 15), même si celui-ci va se modifier avec la dentition définitive et la croissance des mâchoires.

cas, un éleveur vous fournira volontiers ces informations, peut-être même avant que vous ne posiez la question.

Observer les chiots

Les chiots doivent donner l'impression d'être contents : observez leur comportement. Même si cela paraît une évidence, il est bon de le répéter : n'achetez pas un chiot si les membres de la portée sont maigres et malheureux, ou si vous constatez des écoulements au niveau des yeux ou des oreilles. De même la mère doit offrir l'aspect d'un animal bien nourri et choyé, même si elle a encore des tétines lourdes à cause d'un allaitement prolongé. Faites un test, en lui parlant doucement : si elle s'allonge sur le dos dans une attitude de soumission en émettant un petit jet d'urine, elle manifeste de la nervosité. Méfiez-vous-en, car même si elle adopte par là une attitude protectrice envers ses petits, ce n'est pas le comportement typique d'un cocker, qui est d'un naturel gai.

NE PAS OUBLIER

- Informez-vous de l'alimentation du chiot et demandez à en emporter.
- Partez avec un reçu du paiement.
- Demandez des détails sur le pedigree.
- Vérifiez qu'il n'existe pas de maladies héréditaires connues.
- Observez soigneusement les chiots.
- Observez également la mère.
- Caressez le chiot, jouez avec lui.
- Laissez le chiot s'habituer à votre odeur.

L'odorat est un sens très important pour un chiot. Votre propre odeur va être fort différente de celles auxquelles il était habitué. Faites-lui sentir votre main avant de le prendre dans vos bras. Prenez le temps de jouer avec lui et de le caresser. Ce premier contact le mettra en confiance et le chiot vous reconnaîtra lorsque vous viendrez le chercher.

PRENDRE UN CHIOT DANS LES BRAS

La façon dont vous tiendrez le chiot va avoir une grande influence sur le temps dont il aura besoin pour se sentir en confiance et en sécurité avec vous :

1 Placez une main sous l'arrière-train du chiot pour supporter son poids.

2 Tenez-le fermement et de façon confiante, et rassurez-le s'il n'est pas habitué à être dans les bras.

3 Ou encore, placez une main sous le poitrail du chiot, en laissant pendre ses pattes.

CHAPITRE 4

SE PRÉPARER À L'ARRIVÉE DU CHIOT

L'ÉQUIPEMENT ET LES JOUETS

Quelques achats préalables sont nécessaires avant l'arrivée de votre chiot à la maison.

Déterminez d'abord à quel endroit vous allez le faire coucher. Il doit disposer d'un espace à lui, dans lequel il pourra découvrir la vie et les bruits de la maisonnée, en se sentant en parfaite sécurité. Un parc à jeux en treillage métallique, ouvert sur le dessus, est idéal : on en trouve dans les grands magasins spécialisés.

Recouvrez le sol de journaux qui, une fois souillés, pourront être remplacés facilement ; au besoin, faites-en une provision d'avance. Un certain nombre de chiots ont déjà l'habitude de se soulager sur des journaux avant d'arriver dans leur foyer définitif.

L'ÉQUIPEMENT DE BASE

- Parc à jeux pour chiot.
- Litière avec coussins lavables.
- Jouets.
- Os en Nylon à mâcher.
- Collier et laisse.
- Bols à pâtée et à eau.
- Matériel de toilettage.
- Plaque d'identité.
- Provision de nourriture.

Le parc du chiot

Votre chiot doit trouver dans son parc une litière confortable et facilement lavable, sur laquelle il pourra dormir. Cependant, surtout durant les tous premiers mois de sa vie, quand se forme la dentition, un chiot a tendance à dégrader les objets. De ce fait, il est préférable d'attendre quelque temps avant de lui acheter une véritable litière, car même les articles bien solides en plastique ne résistent pas aux dents très pointues d'un chiot. Au début, aménagez-lui une caisse en carton : tapissez-la d'une taie d'oreiller garnie d'un coussin.

Les cockers aiment aussi le confort d'un panier souple. Mais ne l'offrez que lorsqu'ils ont perdu l'habitude de tout mordiller.

Ce parc offre toute sécurité au chiot : il peut observer ce qui se passe autour de lui, tout en se sentant à l'abri dans son petit espace.

Les boîtes rigides sont des objets amusants à escalader, et vous pourrez faire des tunnels en découpant sur le bas une ouverture sur un ou deux côtés. Il pourra ainsi grimper et retomber sans danger. Ne les laissez à disposition du chiot que pendant la période de jeux, et en votre présence, pour éviter qu'il ne se mette à mâcher le carton.

Les jouets

Un chiot est très vite attiré par les jouets : il est très amusant de jouer avec lui.

■ On trouve aujourd'hui des jouets très sûrs pour l'animal. Ceux à mâcher, confectionnés dans un matériau dur, sont les meilleurs à offrir à votre chiot qui pourra les mordiller longuement sans aucun risque.

■ Les os à mâcher et les jouets en Nylon sont utiles pour que le chiot garde des dents propres et saines. Ils sont aussi particulièrement indiqués pendant la période de dentition.

■ D'autres jouets, comme la balle, sont parfaits pour le jardin. Choisissez-la solide, de bonne qualité, et assez grosse pour qu'elle ne puisse pas être avalée.

Aujourd'hui, on trouve une très large gamme de jouets dans les magasins spécialisés. Sélectionnez-en quelques-uns et laissez-les à votre compagnon qui doit toujours les avoir à portée de gueule. Cela le rassurera et lui évitera de s'en prendre à vos affaires.

■ Pour un chien plus âgé, capable de mieux évaluer les directions, le frisbee constitue un autre jouet intéressant.

■ Les cockers aiment se déplacer avec, dans la gueule, un de leurs jouets favoris qu'ils auront beaucoup de plaisir à vous offrir si vous vous absentez : cela fait partie de leurs instincts naturels. S'il n'a pas de jouet, il trouvera de lui-même quelque chose à vous rapporter : serviette de toilette, pantoufle, bref tout ce qui est à sa portée !

■ Pour deux chiens jouant ensemble, les cordes sont idéales. Quant aux jouets « siffleurs », ils incitent le chien à se tapir et à bondir dessus. Mais ce que les cockers préfèrent le plus, ce sont les jouets à retrouver et à rapporter. Vous pouvez en confectionner en bourrant de tissus des vieilles chaussettes.

Avec cet assortiment de jouets et d'objets à rapporter, vous pourrez procurer à votre cocker des heures de plaisir et de jeux stimulants : jouets sonores ou à mâcher, balle et objets à tirer avec les dents (en caoutchouc dur), proies à retrouver, et frisbee.

L'ÉQUIPEMENT

Achetez un collier pour chiot en cuir doux et une laisse solide. Mais la laisse à enrouleur facilite l'apprentissage.

Les colliers et les laisses

■ Comme premier collier, prenez pour un chiot un cuir doux, pas trop onéreux car il va rapidement devenir trop petit. Vous pouvez aussi acheter un collier en Nylon. En revanche, boudez le collier étrangleur, inutile pour l'éducation d'un cocker et de toute façon trop rude pour un chiot.

■ La laisse en cuir est un bon investissement : elle dure tout le temps de la croissance du chien et, à l'usage, elle s'assouplit et devient plus agréable à la main. L'attache de la laisse est un élément important : vérifiez qu'elle est bien solide et ne peut s'ouvrir toute seule. On trouve également des laisses en cordage, mais elles ont tendance à glisser et sont nettement moins confortables à la main.

■ La laisse à enrouleur est utile pendant la phase d'éducation. Elle permet au chien de disposer de plus d'espace pour courir, sans que vous en perdiez le contrôle.

Les bols à pâtée

On trouve dans le commerce des bols spéciaux conçus pour éviter aux cockers de se souiller les oreilles à chaque repas. Les bols de petite taille avec côtés en pente sont parfaits. Mais, pour un chiot, un moule ovale à terrine est parfois préférable.

Votre cocker aura aussi besoin d'avoir en permanence de l'eau fraîche à sa disposition. Il existe pour cela des bols spécialement étudiés, en plastique, avec couvercle, qui ne laissent qu'un petit espace pour le museau, mais pas pour les oreilles, qui restent sèches.

Choisissez un bol dans lequel les oreilles du cocker ne tremperont pas.

LAISSES ET COLLIERS

1 Laisse à chaînons : lourde, elle est peu adaptée au cocker.

2 Laisse en tissu : elle est préférable, mais celle en cuir est encore mieux.

3 Laisse en cordage : lourde, peu appropriée à un cocker.

4 Laisse légère pour chiot.
5 Collier étroit en Nylon.
6 Collier en cuir, idéal.
7 et 8 Colliers en tissu.
9 Chaîne extensible.
10 Collier étrangleur en maille-chaîne ou parfois en tissu.

LE MATÉRIEL POUR TOILETTER UN CHIOT

Procurez-vous une brosse, un peigne et des ciseaux adaptés au pelage d'un cocker. Le poil d'un chiot étant doux, il vaut mieux choisir une brosse en soies douces. Au fur et à mesure qu'il grandit, le chien va présenter des nœuds de poils sur les oreilles et les franges : il vous faudra un peigne à dents métalliques pour les démêler facilement.

Vous aurez aussi besoin de ciseaux à effiler, et d'une autre paire de ciseaux pour toiletter les poils autour des pieds.

Si vous avez des gestes doux et câlins, votre chiot va rapidement apprécier ce moment privilégié de la toilette.

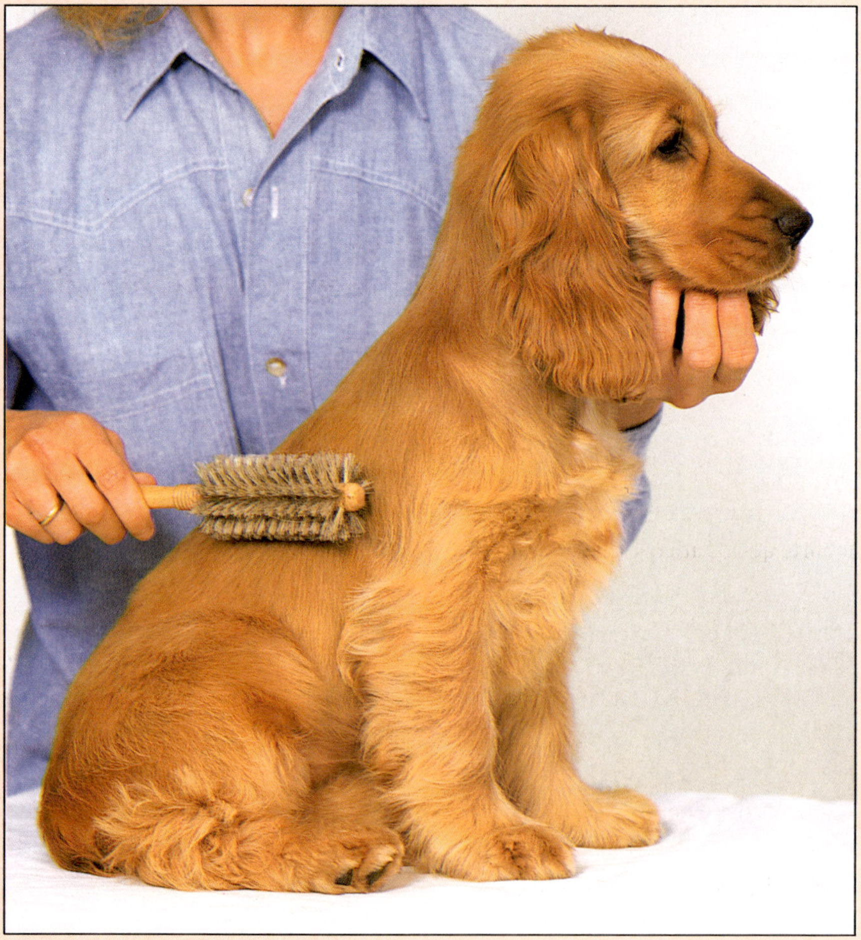

LES MÉTHODES D'IDENTIFICATION

Dans un certain nombre de pays, il est obligatoire que les chiens soient identifiés par une médaille au collier quand ils sont hors de chez eux. Cette plaque doit indiquer le nom et l'adresse du propriétaire. En France, l'identification par tatouage est obligatoire pour tous les chiens depuis 1991.

Les microprocesseurs

Certains organismes sont partisans de l'insertion d'un micro-processeur dans le cou de tous les chiens, comportant un dispositif d'identification décodable par moniteur. Ces micro-puces sont désormais très au point et, par simple lecture, permettent même de connaître les antécédents de santé du chien. Ces dispositifs sont identiques dans toute l'Europe et peuvent être lus par n'importe quel praticien détenteur d'un moniteur.

Le dispositif doit être introduit dans le cou du chien par un vétérinaire, au moyen d'une aiguille de dimension importante, le micro-processeur ayant la taille d'un gros grain de riz.

Le principe d'un instrument d'identification qui ne peut être enlevé est particulièrement intéressant pour les chiens errants, perdus ou non désirés.

Ce système est désormais pratiqué dans toute l'Europe sauf en France, par manque d'information.

Les tatouages

La France est le seul pays où le tatouage se pratique encore de façon obligatoire.

Il est effectué depuis près de 25 ans par le Fichier central d'immatriculation, géré par la SCC.

Il est pratiqué sur la face interne de l'oreille ou de la cuisse, où existe une absence de poils. Le tatouage est réalisé par des vétérinaires ou par des tatoueurs agréés par la SCC, qui sont, parallèlement, des éleveurs. Le tatouage coûte nettement moins cher que l'implantation d'un micro-processeur.

Il est cependant question qu'en France les micro-processeurs remplacent définitivement les tatouages dans un avenir proche.

LES PLAQUES D'IDENTITÉ

Même si une plaque d'identité peut être perdue ou volée, elle n'en reste pas moins le moyen d'identification le plus répandu. Sur la plaque, faites graver votre nom, votre adresse, votre numéro de téléphone mais jamais le nom de l'animal, puis fixez-la solidement au collier de votre cocker.

LA SÉCURITÉ

Posséder un jardin, même petit, est idéal lorsque l'on a un chien. Ainsi celui-ci ne pourra pas s'échapper et vous pourrez le laisser évoluer en toute tranquillité.

Vous pouvez clôturer votre jardin avec un treillage métallique ou des barrières de bois, en veillant à ce que les portails et serrures ne puissent pas livrer passage. Les chiots peuvent se glisser sans peine sous certaines barrières : si cela est nécessaire, condamnez ce passage avec du grillage.

Le clôturage étant une opération onéreuse, vous aurez sans doute intérêt, si vous disposez d'un jardin de superficie importante, à ne fermer qu'une petite

Cet adorable chiot va devoir apprendre à se tenir à l'écart des zones du jardin qui lui sont interdites, comme les parterres de fleurs.

partie de l'espace : votre cocker ne pourra pas en sortir, et vous ne lui autoriserez le reste du jardin qu'en votre présence. Dans ce cas, arrangez-vous pour que cette zone soit adjacente à la maison : vous vous éviterez des pas inutiles à chaque fois que le chien aura l'occasion de sortir.

Si votre jardin est agrémenté d'une piscine, veillez aussi à l'isoler de l'espace dont dispose votre chiot, du moins durant les premiers mois. Vous éviterez ainsi les drames. Par ailleurs, les jardins présentent bien d'autres dangers : ainsi par exemple, de nombreux problèmes sérieux ont été provoqués par des produits chimiques et des insecticides, comme par exemple les « tue-limaces ». Si vous en utilisez, rangez-les dans un abri de jardin fermé à clef.

Les herbes

■ En règle générale, les chiens bénéficient d'un instinct leur permettant de sentir quelles sont les herbes dont ils ont besoin. À partir du moment où vous êtes sûr de la provenance de celles-la, et qu'elles n'ont pas reçu de produits chimiques, vous pouvez permettre à votre chien de les manger : d'ailleurs, vous avez dû noter qu'il avait passé un certain temps à les sélectionner.

■ Certains propriétaires ont tendance à gronder leur chien et à leur ôter les herbes de la gueule, craignant que leur compagnon ne soit malade ensuite. En fait, le chien sent qu'il a besoin de vomir et il sélectionne soigneusement des végétaux émétiques : peut-être a-t-il dans l'estomac quelque chose qui l'irrite, et qui sera expulsé en même temps que les herbes.

■ Ne vous affolez pas si vous voyez votre cocker manger du chiendent. Au contraire, laissez-le faire, car cela l'aide à digérer et facilite son transit intestinal.

LES DANGERS DOMESTIQUES

■ **Les plantes d'intérieur**
Les diffenbachia, crotons, colchiques, muguet, cyclamen, primevère, poinsettia, etc. sont toxiques. Ne laissez pas votre cocker jouer avec, il risquerait de s'empoisonner. Évitez de laisser ces plantes dans les pièces où l'animal vit principalement.

■ **Les fils électriques**
En mordillant des fils électriques et en les transperçant, votre cocker risque d'être électrocuté. Cachez les fils et débranchez les appareils en quittant la maison. Ne laissez pas les chiots sans surveillance.

■ **Les escaliers**
Raides ou à claire-voie, ils sont dangereux pour un chiot. Prenez-le dans les bras, ne le laissez jamais monter seul.

■ **Les détergents et produits chimiques**
Votre chien risque l'empoisonnement ou l'intoxication. Rangez tous ces produits en un lieu qui lui est inaccessible.

L'ARRIVÉE DE VOTRE CHIOT

Voici enfin venu le jour d'aller chercher votre chiot. Si le trajet en voiture est long, achetez une cage de voyage qui vous resservira ensuite. Choisissez-la en tenant compte de l'encombrement d'un cocker adulte. Tapissez-en le fond de journaux, puis recouvrez d'une serviette. Prévoyez pour le voyage de l'eau et un bol, et des serviettes de rechange : un chiot qui n'a jamais voyagé en voiture risque d'être malade.

Ces deux cockers voyagent en toute sécurité dans une grande cage.

■ Emportez la cage de voyage chez l'éleveur, posez-la près de l'endroit où le chiot a l'habitude de jouer pour qu'il puisse s'y accoutumer, et laissez la mère et les autres petits s'en approcher et la renifler. La cage prendra ainsi une odeur familière et bienveillante. Vous y mettrez le chiot et la bloquerez dans la voiture, pour qu'elle ne bouge pas pendant le voyage.

Rassurer votre chiot

Jusqu'à présent, votre cocker a vécu avec sa mère et ses compagnons de portée, dans un environnement qui lui était

connu. Il est donc normal que la séparation représente pour lui un traumatisme : il aura besoin de réconfort de la part des ses maîtres pour s'habituer à son nouveau cadre de vie. Notamment, il ne doit pas être laissé seul à pleurer.

■ Parlez à votre chiot d'une voix rassurante, et faites-lui connaître sa litière qui sera son refuge. Jouez avec lui. S'il y a d'autres animaux, écartez-les jusqu'à ce que votre chiot dorme dans sa litière : ils pourront alors venir renifler le nouveau venu. Ils peuvent manifester de la jalousie : laissez-les faire connaissance progressivement. Ne laissez vos animaux seuls qu'une fois que vous serez certain que leurs relations sont bonnes.

L'apprentissage de la propreté

La meilleure méthode pour que votre chiot apprenne rapidement à être propre consiste à disposer des journaux sur le sol : il y est déjà habitué, puisque vous lui en avez mis dans son parc, et que l'éleveur en utilisait probablement aussi.

Après les repas

■ Un chiot a envie d'uriner à chaque réveil, et après ses repas. Ces moments sont opportuns pour instaurer de bonnes habitudes : installez-le sur un journal, ou emmenez-le dans un endroit déterminé du jardin si le temps n'est ni au froid ni à la pluie. Attendez à côté de votre chiot jusqu'à ce qu'il ait fait ses besoins ; félicitez-le. Si vous faites preuve de patience, il deviendra propre assez vite.

Sachez reconnaître les signaux

■ Un chiot âgé de 8 semaines environ a une petite vessie, et doit donc la vider à intervalles rapprochés. En cas d'« accident » ne le grondez pas : il n'est pas capable d'associer son « oubli » à votre mécontentement, même si vous essayez de le lui montrer. Tout ce que vous arriveriez à faire, c'est de désorienter le chiot, et donc de rendre l'apprentissage plus difficile. Si vous surprenez le chien en train de s'oublier, dites-lui simplement « Non » et portez-le immédiatement dans un endroit autorisé.

■ Si vous observez votre chiot, vous constaterez qu'il existe des signes précurseurs : il tourne en rond en reniflant le sol, et court en tous sens. Si vous le voyez se comporter ainsi, réagissez sur-le-champ.

■ Si votre chiot s'oublie, nettoyez « l'accident » et utilisez un désinfectant qui neutralisera l'odeur pour que le chiot ne retourne pas dans cet endroit.

LE RÔLE DES MAINS DANS L'ÉDUCATION

Le rôle de vos mains est primordial dans l'éducation d'un chien. C'est seulement lorsque le code de compréhension sera établi entre vous que vous pourrez faire de votre cocker le meilleur des compagnons. Une seule règle cependant : dans aucun cas vous ne devez utiliser vos mains pour punir votre chien. Elles ne doivent servir qu'à le caresser et le récompenser.

La plupart des chiens sont très sensibles au contact tactile. Le cocker apprécie particulièrement les caresses et sera prêt à faire tout ce que vous souhaitez, pour autant que vous émettiez des demandes simples et cohérentes, faciles à comprendre. Les friandises peuvent récompenser un chien, mais une caresse est bien plus valorisante.

Il est possible d'obtenir d'un animal qu'il se comporte exactement comme on l'entend ; mais c'est au terme d'un processus difficile impliquant des méthodes brutales et autoritaires, inspirant la crainte du maître. Or tel n'est, ni l'objectif de l'éducation, ni la clef de la réussite, qui passe seulement par la bienveillance et la récompense.

Caressez votre cocker et félicitez-le ; ne donnez des friandises que de façon occasionnelle.

LE CHIEN ET SON NOM

Son nom est l'une des premières choses que votre chiot va apprendre, et certaines personnes passent beaucoup de temps à choisir comment appeler leur compagnon.

Le nom officiel sous lequel votre chien a déjà été immatriculé auprès de la Société centrale canine peut éventuellement servir de base pour une dénomination plus simple.

Mais en fait, la seule chose qui compte, c'est de choisir un nom, si possible de deux syllabes, qui soit facile à prononcer et efficace quand vous appelez votre chien. Les possibilités sont infinies, et il existe même des ouvrages comportant des listes de noms si vous manquez d'inspiration.

En France, une lettre est attribuée chaque année par la SCC, et suit généralement l'ordre alphabétique.

Ce système concerne seulement les chiots déclarés au LOF et qui auront donc un pedigree. Ainsi la lettre utilisée en 1997 est N, en 1998, ce sera O.

Seules quelques lettres sont supprimées : par exemple, il n'existe pas d'années K, Q, et la dernière lettre est le V. Ensuite, on reprend de A.

Ce système des lettres permet de repérer rapidement l'âge du chien (son année de naissance) puisque les noms de tous les chiens nés entre le 01-01 et le 31-12 commencent par la même lettre. Mais bon nombre de chiens sont rebaptisés par leurs nouveaux maîtres bien que leur nom initial ne puisse être changé.

Une fois que vous avez choisi ce nom, il faut que le chiot s'habitue à l'entendre prononcer ; et il doit associer le fait qu'on l'appelle par son nom avec une réaction immédiate de sa part, consistant à venir jusqu'à vous pour être récompensé. Vous ne devez dire ce nom qu'avec une voix agréable et encourageante, et toujours manifester votre satisfaction quand le chien a réagi comme vous l'entendiez.

Avant un ordre, attirez d'abord l'attention de votre cocker : prononcez toujours son nom (par exemple : « Toby, non ! », « Toby, assis ! » ou encore « Toby, viens ! »).

CHAPITRE 5

L'ALIMENTATION

LES ALIMENTS POUR ANIMAUX

Il n'y a pas si longtemps, quand on avait à nourrir un grand nombre de chiens de bonne taille, il fallait la plupart du temps être en cheville avec un établissement d'abattage ou un boucher en gros, et maintenir avec lui de bonnes relations pour continuer à bénéficier d'une source d'approvisionnement fiable en morceaux de boucherie, et en abats très nourrissants. Mais l'éleveur devait également avoir à sa disposition une grande armoire-congélateur, ainsi qu'une lessiveuse de bonne taille dans laquelle il faisait cuire les viandes et les abats ainsi récupérés.

Le particulier, quant à lui, cuisinait pour son chien viandes et légumes en fonction de ses moyens et de son temps.

Heureusement, ce temps-là est

Un régime bien équilibré permet à votre chien de garder forme, santé et énergie.

révolu et l'industrie des aliments préparés et les progrès de la diététique animale ont simplifié les problèmes.

Les aliments pour animaux

Les entreprises du secteur de l'alimentation des animaux ont mené des études depuis des années et pratiqué des tests sur des générations de chiens ; aujourd'hui, elles proposent des produits bien équilibrés, et c'est à peine si on a besoin d'un ouvre-boîte pour préparer le repas de son chien : les boîtes sont souvent munies d'un anneau permettant l'ouverture au doigt.

- Les aliments en boîte à haute teneur en protéines sont en général mélangés à la pâtée du chien pour donner un repas correctement équilibré. Lisez et suivez les recommandations du fabricant.
- Certains propriétaires ont du mal à se résoudre à nourrir leur chien en permanence avec des aliments complets. Mais il est vérifié que cette nourriture permet aux chiens de prospérer tout en facilitant nettement la tâche des maîtres. Par ailleurs, ces aliments sont

LES RÉGIMES VÉGÉTARIENS

Les chiens n'étant pas de purs carnivores, ils apprécient les fruits et les légumes frais. Certains aiment pommes coupées en tranches, carottes crues, chou-fleur cru (avec un peu de vert de tige), et chou ou haricots à rames. Si ces produits ont été cultivés avec recours aux produits chimiques, ils doivent être lavés soigneusement.

Certains légumes ne peuvent être digérés par les enzymes sécrétées par le système digestif des chiens : les pois, les haricots, et les aliments comprenant du soja. Ils passent directement dans le gros intestin, et provoquent des flatulences.

Nombreux sont les propriétaires de chiens qui, végétariens, envisagent ce régime pour leur animal. Un chien peut survivre avec une alimentation exclusivement végétarienne, mais elle ne constitue pas pour lui un régime normal et il est fortement déconseillé de lui imposer ce style d'alimentation. Si vous voulez tenter l'expérience, il faut ajouter des compléments alimentaires pour le maintien d'un apport équilibré en protéines, graisses, glucides, vitamines et sels minéraux. Consultez le fabricant d'aliments végétariens pour chiens ou demandez conseil à votre vétérinaire.

tout a fait équilibrés et satisfont tous les besoins des chiens en termes diététiques.

L'eau

Il est absolument indispensable que votre chien dispose constamment d'eau fraîche ; cela se justifie tout particulièrement si vous nourrissez votre cocker avec des aliments secs. On peut hésiter à donner ces croquettes qui paraissent peu « gastronomiques » mais elles sont de bonne qualité. Votre vétérinaire vous donnera des conseils pour leur choix et la manière de les utiliser.

Remplissez le bol d'eau tous les jours, à la même heure : cela vous permettra de déceler plus facilement l'accroissement de la soif, celle-la pouvant constituer le signe d'un problème de santé qui justifie une consultation vétérinaire.

Voici un assortiment d'aliments pour chiens de notre époque : pâtées en boîte (en haut) et croquettes complètes (en bas).

LE POIDS IDÉAL

Aujourd'hui plus de 25 % des chiens sont obèses. L'obésité d'un cocker constitue un sérieux danger pour sa santé : il est plus exposé aux affections cardiaques, à certains cancers ; son espérance de vie et sa mobilité sont réduites, il peut être sujet à des troubles digestifs. L'obésité peut résulter d'une stérilisation, ou d'un déséquilibre hormonal, ou de ces deux facteurs réunis.

Les chiens âgés accusent parfois une surcharge de poids, car leurs difficultés croissantes de mobilité les empêchent de pratiquer l'exercice nécessaire.

Pesez votre cocker une fois par mois : le poids pouvant augmenter de façon progressive et presque imperceptible, vous pourrez ainsi corriger cette tendance sans tarder, à une période où les choses ne sont pas encore trop difficiles.

Pour empêcher un chien de prendre du poids, il faut réduire l'apport calorique de son régime alimentaire et,

Pesez votre cocker régulièrement : toutes les semaines pendant sa phase de croissance, et tous les mois à l'âge adulte. Notez les poids relevés dans un carnet ou sur une feuille pour en voir l'évolution.

PESER VOTRE CHIEN

En moyenne, un cocker adulte pèse une douzaine de kilos. La méthode la plus simple consiste à monter d'abord seul sur la balance, puis à tenir votre chien dans les bras : le poids de votre compagnon se déduit par différence entre les deux pesées.

LES RESTES DE REPAS

Si vous répugnez à jeter des restes de vos repas, gardez-les au réfrigérateur, pour votre chien. Vous pourrez ainsi mélanger à sa pâtée suivante : poisson (sans arête !), volailles, œufs, pâtes, riz cuit… Évitez absolument les os de poulet, de lapin ou de mouton, mais vous pouvez donner des abats et la peau cuite des volailles et lapins.

bien sûr, rester ferme devant le regard implorant d'un cocker ; votre persévérance sera récompensée. De toute façon, il est préférable de ne jamais habituer un chien aux friandises offertes, à l'issue de votre propre repas, ou entre les repas du chien.

Deux repas par jour constituent un bon rythme : quelques biscuits bien croquants pour démarrer la journée, et, le soir, un dîner composé de viande, de légumes et des restes de vos repas, soigneusement sélectionnés. Toutefois, un très grand nombre de chiens se contentent d'un seul repas. Ce qui compte, c'est la quantité donnée quotidiennement.

Laissez à votre cocker dix minutes pour terminer son plat ; cette restriction est bénéfique : elle aiguise son appétit, et évite que le chien ne devienne trop difficile.

Les chiens qui travaillent ont des besoins énergétiques plus importants, selon la nature et de la durée du travail effectué. Les chiens vivant à l'extérieur nécessiteront eux aussi un régime calorique plus important leur permettant de compenser l'énergie qu'ils brûlent à maintenir la température de leur propre organisme.

LES BESOINS ÉNERGÉTIQUES DE VOTRE CHIEN

Pour combler ses besoins énergétiques quotidiens, un cocker adulte qui vit à l'intérieur et se promène, joue et se dépense au moins une heure par jour a besoin de 900 kcal par jour. Mais aucun chien n'étant identique à un autre, seule l'expérience vous indiquera quel est l'apport en calories qui permettra à votre compagnon de maintenir son poids idéal.

Une nourriture apportant 900 kcal par jour correspond à :

- une boîte et demie d'aliment complet de 400 g ;
- ou 225 g d'aliments secs.

Note : Les quantités sont indiquées à titre indicatif : ajustez-les en tenant compte des restes de vos propres repas si vous les donnez à votre compagnon. Si vous préférez lui donner deux repas par jour, divisez par deux pour chaque repas les quantités mentionnées.

LE CHIEN EN PHASE DE CROISSANCE

Un chien en phase de croissance a des besoins en calories nettement plus importants qu'un sujet adulte. Quand un chiot arrive chez vous, ne changez pas son régime alimentaire et suivez les instructions écrites remises par l'éleveur. À la séparation d'avec sa mère, un chiot est nourri quatre fois par jour : la taille de son estomac ne lui permet d'absorber les nutriments nécessaires qu'en portions réduites, mais fréquentes. Dès l'âge de 4 mois, on peut le passer à trois repas.

■ Entre le sevrage et l'âge de 6 mois, un chiot connaît une croissance rapide, qui se ralentit ensuite : consultez le tableau ci-dessous. Avant de nourrir un chiot, lisez toujours les informations et recommandations portées sur le conditionnement.

Le lait

Le lait de vache n'est pas vraiment bénéfique pour les chiens, pouvant occasionner des diarrhées chez les petits. Le lait de chèvre se rapproche plus de celui de la chienne ; mais, à 6 semaines, un chiot doit avoir absorbé assez de lait.

■ Le lait tiède, ou mélangé à de l'eau, peut s'utiliser pour ramollir les biscuits pour chiots et les rendre plus faciles à ingérer.

LES RATIONS POUR VOTRE CHIOT

Quantités indicatives. Les boîtes mentionnées représentent 400 g d'aliment complet Spécial pour chiots.

2 mois 1 boîte ou 150 g de croquettes, le tout servi en 4 repas.

3-4 mois 1 boîte 1/4 ou 200 g de croquettes, le tout servi en 3 repas.

5-6 mois 1 boîte 1/2 ou 300 g de croquettes, le tout servi en 2 repas.

6-9 mois 1 boîte 3/4 ou 340 g de croquettes, le tout servi en 2 repas.

Note : Riz cuit, œufs brouillés et céréales compléteront ces régimes, et représenteront des suppléments utiles surtout chez le chien âgé.

LE CHIEN ÂGÉ

Le chien d'un certain âge, tout comme le chiot, doit recevoir un régime alimentaire particulier.

Si votre chien a eu jusque-là une vie agréable, il est en principe serein et de compagnie attachante. Mais il endure des difficultés croissantes de mobilité, ainsi qu'un amoindrissement des facultés sensorielles. Sans doute aura-t-il besoin de visites plus fréquentes chez le vétérinaire ; mais dites-vous que cette période de sa vie sera pour vous l'occasion de lui apporter les soins et l'attention qu'il mérite.

Si votre chien a atteint l'âge de 12 ans, vous devrez le nourrir à raison de deux ou même trois rations par jour. Réduisez la quantité quotidienne totale car il se dépense moins. Donnez-lui peu mais souvent, comme à un chiot.

Les œufs brouillés : un aliment nutritif idéal pour un chien âgé.

Donnez-lui des aliments nutritifs mais se digérant aisément, comme du riz bouilli avec des œufs brouillés ou du poulet, faciles à manger. Pour compenser, fournissez à votre cocker des biscuits bien fermes ou des os de buffle à mâcher pour lui permettre de garder une bouche propre. Il n'est pas vraiment possible de donner une règle précise d'alimentation des chiens âgés : ils sont comme les humains, et vieillissent plus ou moins bien.

Âgé, un chien demande plus de soins et d'attention. Le nombre de ses repas sera augmenté et la quantité réduite, pour qu'il s'alimente souvent mais peu à la fois.

CHAPITRE 6

LA SOCIALISATION ET L'ÉDUCATION

L'IMPORTANCE DE LA SOCIALISATION

Bien trop souvent, les chiots manquent une période essentielle de leur vie, celle où ils devraient faire la connaissance du monde qui les entoure et apprendre les interactions avec les humains et les autres animaux. Cela tient au fait que cette période de la vie coïncide avec le moment où les jeunes chiots doivent être vaccinés contre certaines affections : maladie de Carré, hépatite virale, leptospirose, parvovirose et rage. Dans la plupart des cas, les vétérinaires déconseillent de sortir le chien et de le laisser en contact avec d'autres animaux avant la fin du cycle de vaccinations.

L'âge auquel interviennent ces vaccinations est variable et peut aller jusqu'à 14 ou 16 semaines. Or, les scientifiques Scott et Fuller ont établi que la période de socialisation se terminait à l'âge de 16 semaines (travaux sur le développement des chiens). Autrement dit, il est « alors trop tard pour cette période essentielle du début de la socialisation ». La meilleure solution est de suivre les recommandations de votre vétérinaire en la matière.

LES ORDRES DE BASE : « ASSIS » ET « VIENS »

« Assis » et « Viens » sont deux ordres très faciles à apprendre à un chiot. Dites-lui de s'asseoir juste avant qu'il ne s'apprête à le faire de lui-même. Maintenez-le doucement quelque temps en position assise — éventuellement en appuyant doucement sur son arrière-train et répétez « Assis », « Bien ».

Utilisez la même méthode pour lui apprendre « Viens », au moment où il

LES VOYAGES EN VOITURE

Parfois, le chiot supporte mal le trajet en voiture qui le mène jusqu'à sa nouvelle demeure. Dans ce cas, il est très important que, dès le lendemain de son arrivée chez vous, vous le remettiez dans votre véhicule quelques instants, quitte à le laisser à l'arrêt si le chiot est réticent. Encouragez-le avec des félicitations et réconfortez-le, en détournant au besoin son attention avec un jouet.

■ Dès que le chiot accepte d'être dans une voiture, emmenez-le pour de courts trajets et rassurez-le tout en conduisant. D'un chien à l'autre, le temps d'adaptation aux voyages en voiture est très variable, mais l'emmener souvent et peu longtemps est très efficace. De plus, un chien apprend vite que la voiture est associée à quelque chose d'agréable, comme une promenade.

■ Emportez toujours avec vous de l'eau, un bol, des serviettes (tissu et papier), ainsi que de quoi ramasser les déjections laissées par votre chien. Un sac poubelle fait aussi bien l'affaire que les articles vendus dans le commerce.

■ Un chiot qui se sent en sécurité avec son maître se montrera rapidement obéissant.

Les voyages par temps chaud

■ Il est conseillé de poser des stores sur les vitres de la voiture, pour limiter une luminosité pénible pour tous les passagers par temps ensoleillé.

■ Ne laissez jamais un chien dans une voiture à l'arrêt quand il fait très chaud, même pour une courte durée. La température intérieure grimpe à une très grande vitesse, et le soleil risque de tourner alors que vous aviez laissé la voiture à l'ombre. Laisser un chien en ouvrant partiellement les fenêtres n'est pas non plus une bonne idée, car elle incite au vol.

À la différence des humains, un chien ne peut pas faire baisser sa température interne par la sudation : pour se protéger de la chaleur, il lui faut s'abriter à l'ombre. Enfermé dans une voiture en plein soleil, il ne peut que haleter, en supportant une robe qui lui tient très chaud. Vingt minutes ont suffi pour que certains chiens meurent dans ces circonstances : ne prenez jamais ce risque.

Dans le cours de l'apprentissage que vous faites avec votre chien, le plus important est de tisser un lien de confiance.

s'approche de vous. Associez son nom à cet ordre, et faites en sorte que cela devienne un jeu en reculant de quelques pas : le chiot va vouloir vous rejoindre pour obtenir une récompense. Ne courez surtout pas après votre cocker : vous ne lui apprendriez qu'à se sauver plus loin encore. Lors des repas, montrez-lui sa nourriture en disant à nouveau « Viens » : ainsi sa réponse à votre ordre sera associée à quelque chose d'agréable. Vous pouvez aussi reculer de quelques pas pour que votre chiot apprenne à vous suivre.

Dites « Assis » dès que votre cocker s'apprête à s'asseoir et, avec le plat de la main, incitez-le à garder cette position. Caressez-le et félicitez-le.

L'APPRENTISSAGE DE LA LAISSE ET DU COLLIER

Par nature, un chien n'aime pas que ses mouvements soient limités par une laisse et un collier. Mais il doit s'y habituer pour pouvoir sortir dehors sans danger. Soyez patient, et donnez à votre cocker le temps nécessaire à cet apprentissage.

Votre chiot a besoin de se familiariser avec son collier, qui lui déplaira au départ. Il doit aussi s'habituer à y sentir le poids d'une laisse. Cet apprentissage doit être progressif et être une activité agréable pour tous deux ; une séance de deux minutes, répétée plus tard dans la journée est suffisante.

La marche en laisse

■ Un chiot qui répugne à marcher en laisse ne doit pas être forcé : un maître ne doit pas tirer sur une laisse. Les tous premiers jours, attachez au collier une chaîne très légère, puis laissez votre chiot se déplacer comme il l'entend quelques instants avec la laisse au sol. Ensuite, empoignez la laisse et encouragez votre cocker à marcher à votre côté, en tenant un de ses jouets dans la main. Quand il sera bien accoutumé à se promener ainsi dans le jardin, utilisez une laisse à enrouleur.

■ Lors des premières leçons, apprenez au chiot le principe de base consistant à marcher au pied. Votre cocker doit se trouver à votre gauche, laisse non tendue. Au début, attirez son attention avec un jouet ou une friandise que vous tiendrez de son côté. S'il tire sur sa laisse, appelez-le par son nom, puis faites demi-tour et marchez dans la direction opposée. Dès que le chiot réagit comme vous l'attendez, félicitez-le et récompensez-le.

■ Une fois cette habitude acquise, vous pouvez l'emmener sans risque dans un jardin public, où il rencontrera un certain nombre de personnes, de chiens et de situations diverses, ce qui est important dans le processus de socialisation.

LES JEUX ENTRE CHIOTS

Les centres d'éducation sont des lieux de socialisation pour les chiots. Ils s'y retrouvent dans une aire de jeu réservée, et apprennent la vie en meute et le sens de la hiérarchie par le biais des jeux. Ensuite, ils suivront une éducation plus pointue, concernant l'agressivité vis-à-vis des autres congénères.

Les laisses à enrouleur

La laisse à enrouleur donne au chien une plus grande latitude. Mais ne détachez

ÉDUQUER PAR LA RÉCOMPENSE

1 Dites « Pas bouger » en confirmant l'ordre avec une main à plat.

2 Sans refermer le poing, répétez « Pas bouger » et reculez-vous légèrement.

3 Dites le nom du chien puis « Viens ». Félicitez-le de la voix et caressez-le quand il arrive à vous.

pas votre cocker avant d'être totalement certain qu'il obéira parfaitement à l'ordre « Viens ». Cela pourra prendre plusieurs semaines. De plus, un chiot peut très bien répondre correctement à cet ordre chez vous, mais ne pas avoir un contrôle de lui-même suffisant dans un espace ouvert ou en présence d'animaux qui ne lui sont pas familiers. Il peut même céder à la panique dans un contexte qui lui est étranger. La laisse à enrouleur permet

Ce chien marche correctement au pied, à gauche de sa maîtresse, avec une laisse qui a du mou.

Le collier étrangleur est à proscrire : il blesse le cou et endommage le pelage.

d'apprendre l'ordre « Viens » en reprenant doucement un peu de mou de façon que le cocker réponde à votre insistance. Continuez à récompenser votre chien pour que celui-ci obéisse immédiatement, cela lui donne confiance.

L'ÉDUCATION DU COMPORTEMENT

La tendance actuelle de l'éducation vient des recommandations des ethologues, spécialistes du comportement animal. Après études et observations des chiens domestiques, ces spécialistes ont remarqué que le maître a intérêt à s'imposer en tant que chef de meute « humain » à un chien, dès le plus jeune âge de l'animal. Il recrée ainsi une hiérarchie que le chien réclame d'instinct, et qui fournit un point de repère rassurant. En termes simples, le maître doit montrer que c'est lui qui commande, et être cohérent, c'est-à-dire se tenir toujours à la même interdiction, car la modifier désorienterait le chien. Par exemple, il est recommandé de faire manger le chien après la famille, et de lui interdire l'accès de la chambre à coucher, à plus forte raison le lit. Ce respect inculqué par le maître et les membres de sa famille doit servir à éviter les accidents regrettables, comme les morsures graves, dus à une prédominance hiérarchique que les maîtres ont laissé s'instaurer.

Cette éducation peut-elle avoir pour conséquence de stresser le chien, de le maintenir sous pression permanente, de développer chez lui un sentiment de méfiance à l'égard de son maître ? Rien ne le prouve, mais rien ne semble prouver non plus le

Il suffit souvent de dire « Non » pour que la correction soit suffisante.

INSTAURER UNE BONNE RELATION

Aujourd'hui, la plupart des maîtres attentionnés savent que les coups ont pour seule conséquence de détruire les liens de confiance qui devraient exister entre un chien et son maître. Or, la qualité de cette relation est essentielle pour que l'animal apprécie les jeux et les séances d'éducation, et ait envie de satisfaire son maître. Un chien qui a confiance sera un compagnon gai et assuré.

Les sanctions demeurent cependant nécessaires. Normalement, un chien réagit rien qu'au changement d'intonation et au mot « Non ». Une punition à laquelle un chien est très sensible consiste à l'ignorer pendant une courte période, précisément au moment où il souhaiterait attirer votre attention, ce qui pour lui est mortifiant. Toutefois, cette sanction ne doit être utilisée qu'occasionnellement pour conserver son efficacité et que si, de façon certaine, votre chien a compris ce qu'il avait fait de mal. Si, par exemple, vous le surprenez en train de désobéir ou d'abîmer quelque chose, dites fermement « Non » et ignorez-le un instant.

contraire : les observations scientifiques n'ont pas encore été réalisées sur une période suffisamment importante.

En revanche, il est certain que l'ancienne méthode d'éducation qui consistait à intimider le chien, le frapper, lui emprisonner le museau et le secouer, etc., a rendu beaucoup de chiens malheureux, agressifs et dangereux. Cette méthode effrayait l'animal et il est impossible de tirer quoi que ce soit de positif d'un animal qui a peur.

La communication chien-maître

Alors, comment se faire comprendre de l'animal pour l'éduquer ? Votre langue lui est étrangère et il ne peut vous répondre par la parole. Si vous observez les chiens, vous arriverez à communiquer avec eux et vous saurez vous faire obéir. Attention, c'est précisément pendant ces phases difficiles que l'on a tendance à utiliser des méthodes plus expéditives. Si vous ne parvenez pas à faire passer un message, interrompez la séance d'éducation et jouez avec votre chiot en observant ses réactions pour mieux le connaître.

Votre message doit toujours être reçu. Pour cela, il faut que l'ordre ait été parfaitement compris.

Éviter les mauvaises habitudes

Certains chiens ont tendance à prendre de mauvaises habitudes. Il est possible d'y remédier avec juste un peu de bon sens.

Les chiens qui sautent

Il est fréquent qu'un chien saute pour manifester sa joie de vous voir revenir. Les cockers sont susceptibles de vous accueillir avec des rituels moins brutaux. Certains apportent un jouet en offrande de bienvenue, ce qui leur évite de sauter de façon intempestive. Si vous ne pouvez pas l'en empêcher, baissez-vous pour vous mettre à sa hauteur, ou commandez-lui de s'asseoir et venez le féliciter.

Les chiens qui détruisent

Certains jeunes chiens sont de grands destructeurs, tout particulièrement pendant et juste après la phase de dentition. D'autres montrent des tendances destructrices par pur ennui, ayant peu à faire pour s'occuper. Pour éviter cela, jouez avec votre chien avant de sortir sans lui, en limitant son espace à sa litière ou à une zone sans danger, et en lui laissant ses jouets.

Détournez l'attention d'un chien prompt à sauter sur vous, avec un jouet qu'il pourra vous offrir en signe de bienvenue.

L'ANGOISSE DE LA SÉPARATION

Nombre de chiens hurlent à la mort quand ils se retrouvent seuls : ils traduisent une détresse liée à l'angoisse de la séparation.

Les chiens sont des animaux de meute. Leur sociabilité instinctive leur provoque un besoin impératif de contacts, avec leurs congénères ou avec des personnes qui s'y substituent. Ils ont aussi besoin d'alterner activités physiques et phases de repos et de sommeil. Par conséquent, le confinement tue en eux leur goût pour la vie.

À y regarder de plus près, on enlève le chiot aux autres membres de la portée et, malgré tout, on attend de lui qu'il prenne sans peine les humains pour compagnons. Certaines personnes laissent un chien seul toute une journée. Or les chiens sont des êtres très sociaux qui souffrent de la solitude. Pour cette raison, la plupart des éleveurs ne se défont pas de leurs chiots avant d'être certains que les petits seront dans une maison où il y a quelqu'un en permanence. Bien sûr, deux chiens ensemble s'amuseront plus que s'ils sont tous seuls, mais ce n'est pas suffisant : un chien a vraiment besoin que son maître lui consacre un minimum de temps.

Le chien enfermé

■ On imagine sans peine la détresse d'un chien enfermé seul, qui n'a même

Donnez tous les jours à votre chien des occasions de courir et de s'amuser.

pas accès au jardin pour se soulager et qui, en désespoir de cause, finit par faire ses besoins à l'intérieur. Son anxiété peut causer des destructions dues à l'ennui.

■ La plupart des propriétaires ont alors tendance à punir leur chien sans penser que l'animal a déjà beaucoup souffert. Il vaut mieux s'organiser pour que le chien ne soit jamais seul plus de deux heures d'affilée. Si tout le monde doit quitter la maison sans emmener l'animal, arrangez-vous pour qu'un voisin ou un ami vienne rendre visite à votre chien, et le sorte pour jouer et se dépenser. Dans tous les cas, habituez au préalable votre cocker à être seul, puis enfermez-le dans une pièce avec ses jouets favoris.

Laissé seul, un chien peut passer sa frustration en causant des dommages.

LES CENTRES D'ÉDUCATION

Il existe des centres pour chiens qui permettent de leur dispenser une éducation plus formelle. Les cours peuvent être collectifs ou individuels. Si vous envisagez de participer à des expositions, des centres d'entraînement spécifiques sont sans doute plus adaptés, et vous donnent l'occasion d'en apprendre plus et de faire des connaissances.

Essayez de trouver des centres situés à proximité de chez vous.

Beaucoup d'éducateurs pour chiens proposent leurs services et il est difficile de faire le bon choix. Déplacez-vous et demandez à assister à un cours collectif, une première fois sans votre chien, en tant que spectateur. Cela vous donnera une idée de l'ambiance générale, du ton qu'emploie le dresseur et de son attitude psychologique. Vous pourrez ainsi vous assurer que votre compagnon y fera une expérience positive et agréable. En effet, les méthodes d'enseignement varient beaucoup d'une personne à l'autre.

CHAPITRE 7

LE TOILETTAGE

LES CINQ ÉTAPES DU TOILETTAGE D'UN COCKER

Le toilettage d'un cocker doit s'effectuer tous les jours, sur la base d'une satisfaction mutuelle pour le cocker et son maître. Quand il est encore chiot, habituez votre compagnon en le brossant et en le caressant régulièrement ; posez-le de préférence sur une table dont la surface n'est pas glissante, pour qu'il se sente en sécurité. Vers l'âge de 6 mois, le toilettage demande plus de soins du

LE MATÉRIEL DE TOILETTE

Au départ, des outils de base sont suffisants pour toiletter votre cocker ; mais si vous entretenez vous-même votre chien, achetez les instruments suivants : petite brosse en soies naturelles, peignes (grandes dents et petites dents), ciseaux à effiler, ciseaux pointus, coupe-ongles, brosse à dents et carde pour démêler.

fait de la pousse du poil. Si les poils forment des nœuds, ne tirez pas dessus, car votre cocker n'apprécierait plus le moment de toilettage.

1 Étant très longues, les oreilles d'un cocker ont des poils qui s'enchevêtrent facilement. La plupart des nœuds se résorbent par un peignage avec les doigts, qui sépare les poils en plusieurs petites touffes que l'on élimine ensuite avec un peigne à dents larges. Travaillez en allant de la tête vers l'extrémité de l'oreille, et profitez-en pour effiler les poils du cou au niveau de l'oreille avec des ciseaux.

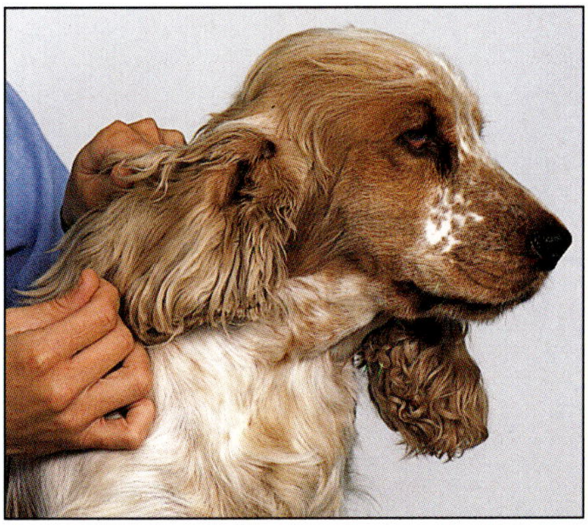

Coupez court les poils situés au-dessous des oreilles, et veillez à ne pas entailler avec les ciseaux à effiler les replis cutanés situés sur le haut des oreilles.

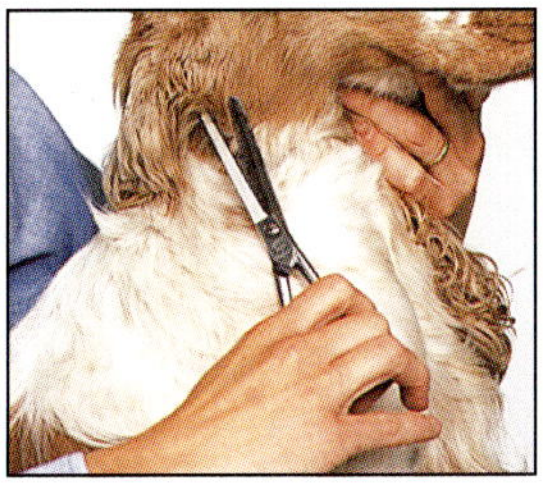

PEIGNER UNE QUEUE NON COUPÉE

Pour peigner la queue non coupée d'un cocker, il est plus commode de faire allonger l'animal en l'encourageant. Quand il est en position, brossez la queue posée au sol en partant de la croupe. Profitez-en pour peigner, avec une brosse douce, le sous-poil situé autour du ventre et au-dessus des jarrets.

2 Puis, passez la brosse pendant plusieurs minutes, pour obtenir une robe bien brillante. Brossez toujours le poil dans le sens que vous voulez qu'il prenne. Avec un peigne à larges dents, toilettez ensuite la poitrine, les culottes (c'est-à-dire les franges aux cuisses), la queue et les jambes.

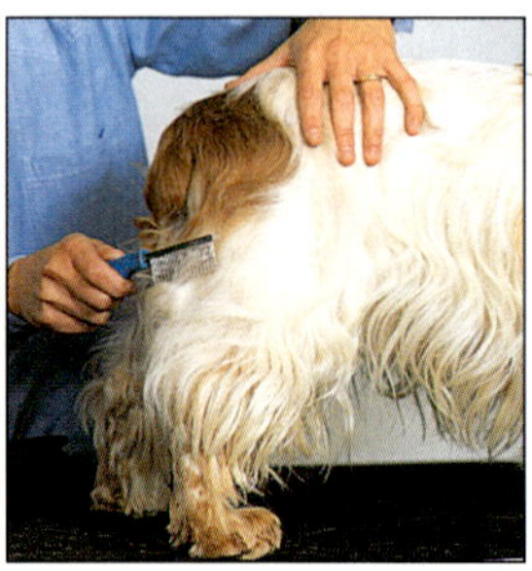

Un brossage régulier maintient le pelage en bonne condition.

3 Pour les pieds : coupez la longueur de poil en trop autour d'eux, et entre les doigts. Au niveau des coussinets, laissez assez de poils pour que subsiste une protection naturelle.

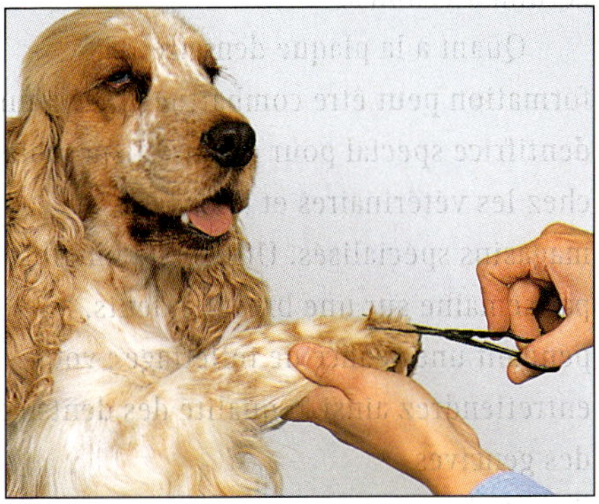

4 Pour terminer : taillez avec un peigne à effiler ceux des poils des moustaches qui commenceraient à remonter vers les yeux, mais sans toucher aux moustaches sensitives, qui servent au cocker à évaluer une largeur (par exemple, celle d'un terrier !). Puis lissez les poils situés sur le sommet du crâne pour éliminer les nœuds et donner un bel aspect, soit avec les doigts, soit avec un peigne à effiler.

LES PROFESSIONNELS

Un toilettage professionnel, effectué, par exemple, tous les quatre mois, permet à votre cocker de garder un aspect soigné.
Renseignez-vous auparavant pour savoir si la personne travaille avec des outils manuels. En effet, la tondeuse électrique est très utilisée dans les salons de toilettage, mais elle abîme le pelage naturel du cocker. Elle est à bannir si vous envisagez de participer à des expositions.

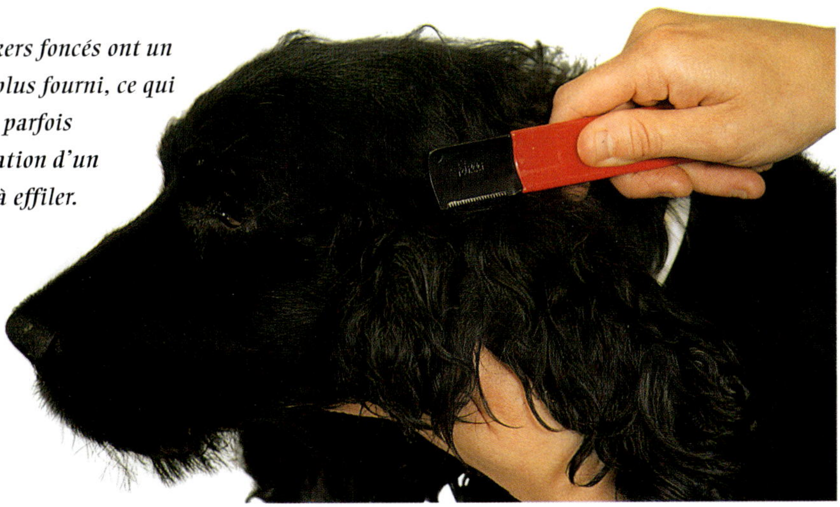

Les cockers foncés ont un pelage plus fourni, ce qui justifie parfois l'utilisation d'un peigne à effiler.

5 Pour démêler à la main les poils du cocker, procurez-vous en papeterie deux doigtiers (utilisés pour compter des billets de banque) : ils accrochent le poil et permettent un peignage progressif.

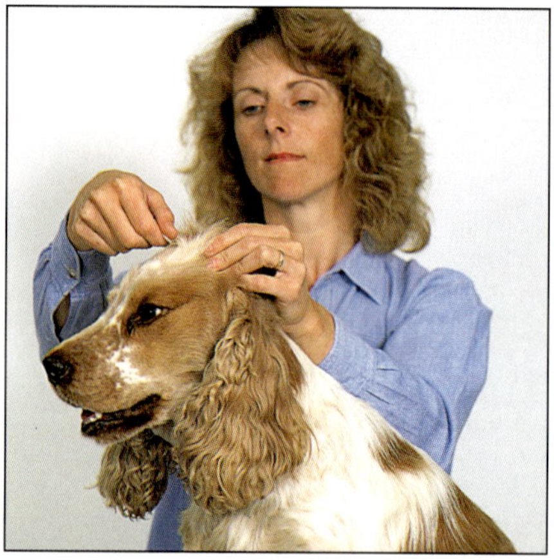

Avec le pouce et l'index, démêlez puis coupezles poils trop longs du dessus du crâne.

Les oreilles et la gueule

Ce sont des zones sur lesquelles vous devez vous arrêter. Les cotons-tiges, qui ne doivent pas être enfoncés, permettent d'extraire de l'oreille les dépôts de cérumen visibles.

Quant à la plaque dentaire, sa formation peut être combattue grâce à un dentifrice spécial pour chiens, disponible chez les vétérinaires et dans les magasins spécialisés. Utilisez-le une fois par semaine sur une brosse à dents, pendant une séance de toilettage : vous entretiendrez ainsi la qualité des dents et des gencives de votre cocker.

Dans les oreilles de votre cocker, ôtez doucement le cérumen avec un coton, sans l'enfoncer dans le conduit auditif.

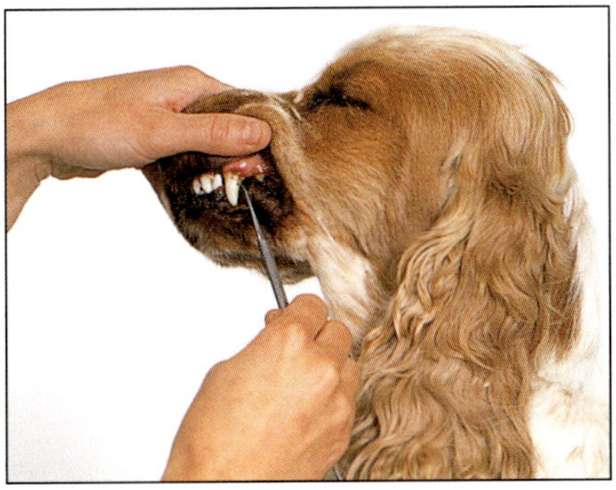

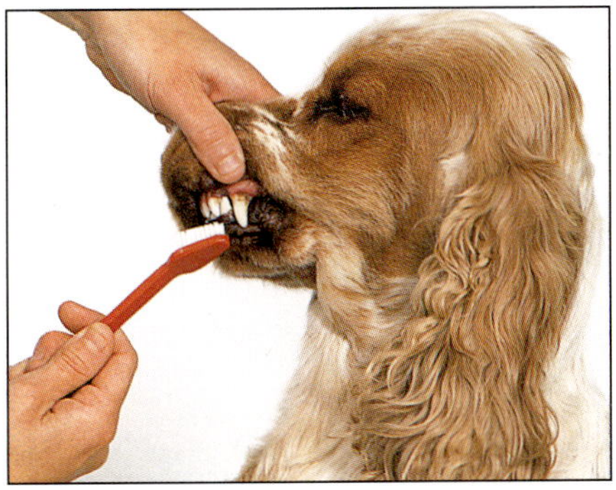

Un brossage hebdomadaire des dents avec un dentifrice spécial permet de prévenir la formation de tartre.

La coupe des ongles

Si votre cocker a les ongles trop longs, coupez-les lui avec un coupe-ongles que vous inclinerez selon l'angle souhaité. Avant de le faire pour la première fois, demandez à un vétérinaire ou un toiletteur de vous montrer la procédure à suivre.

En tout état de cause, il vaut mieux couper trop peu que trop, car vous risqueriez de blesser le chien. Quand les ongles sont colorés, l'opération est plus délicate car on voit moins bien à quel endroit arrêter la coupe. Quant aux ongles noirs, ne vous hasardez pas à les couper vous-même si vous hésitez.

Inspectez régulièrement les yeux de votre cocker, et ôtez délicatement les petits écoulements.

LES BAINS

Si vous commencez à baigner régulièrement votre cocker, vous serez amené à répéter cette opération. Un chien a en général une robe propre, qui est protégée pendant sa vie d'adulte par les graisses qu'il sécrète. Quand celles-ci sont éliminées par le shampooing, le pelage est moins bien protégé. Utilisez un shampooing spécial pour chiens, mais en aucun cas votre savon ou votre shampooing.

■ Pour éliminer la poussière et la saleté habituelles, faites un brossage comme indiqué dans les pages précédentes. Mais si vous décidez de donner régulièrement des bains à votre cocker, vous vous apercevrez qu'il éprouve un véritable besoin à sortir le plus vite possible pour aller se rouler dans l'herbe, ou dans un autre endroit dont les odeurs sont pour lui plus naturelles et plus agréables. En fait, les shampooings pour chiens sont conçus pour que leur odeur plaise aux maîtres, et non aux animaux qui ont un sens olfactif nettement plus développé.

■ Il arrive que les cockers se roulent dans une déjection ou tout autre déchet malodorant. Pour vous rendre les choses plus supportables, surtout lorsque vous sortez votre chien en prenant la voiture, emportez avec vous un sac en tissu éponge avec fermeture à glissière, et mettez-le y. Dès votre retour, vous pouvez lui faire prendre un bain ou le laisser sécher, puis le brosser bien à fond pour éliminer toute la saleté. Non seulement les mauvaises odeurs disparaissent, mais en plus le pelage est bien lustré.

Baigner votre cocker

Procurez-vous une baignoire de bébé au fond de laquelle vous placerez un tapis antidérapant.

1 Remplissez à moitié la baignoire d'eau tiède, mettez-y le chien et mouillez le pelage avec un broc, en évitant les oreilles. Nettoyez le poil avec un shampooing spécial, si possible inodore. Ne lavez la tête qu'en dernier, un chien ayant plus tendance à se secouer quand il a la tête mouillée. Protégez les yeux.

2 Rincez bien à fond le pelage pour éliminer toute trace de shampooing. Sortez le cocker de la baignoire, séchez-le avec des serviettes : tête, oreilles, corps, et membres.

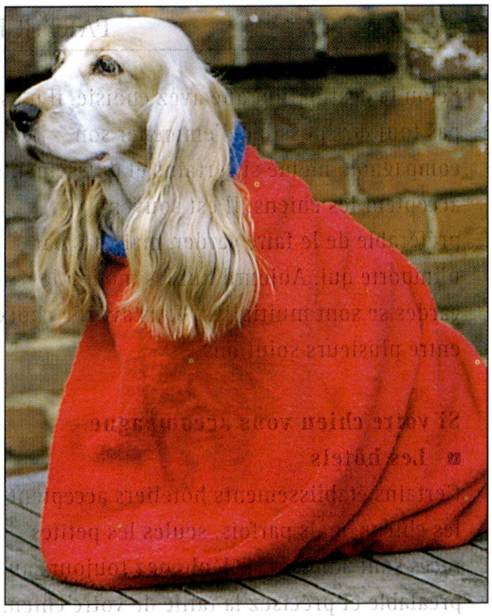

Mettez ensuite le chien dans un sac propre en éponge qui vous servira aussi pour ramener en voiture le chien crotté après une promenade à la campagne.

PARTIR EN VACANCES

Selon la destination que avez choisie, il n'est pas toujours possible d'emmener son compagnon, même si certains établissements acceptent les chiens. Il est souvent préférable de le faire garder, mais pas par n'importe qui. Aujourd'hui les modes de gardes se sont multipliés. Vous avez le choix entre plusieurs solutions.

Si votre chien vous accompagne

■ **Les hôtels**

Certains établissements hôteliers acceptent les chiens, mais parfois, seules les petites races sont admises. Téléphonez toujours au préalable et précisez la taille de votre chien. Il existe même, pour les quadrupèdes sophistiqués, des « hôtels » de luxe pour chiens, où vos compagnons seront logés dans des chambres confortables avec téléviseurs et équipement audio !

Si vous partez sans votre chien

■ **Les pensions**

Un chien habitué à vivre dans un environnement confortable est rarement heureux dans un chenil. Avant de prendre votre décision, visitez l'établissement, observez ses équipements, son cadre et les pensionnaires. De plus en plus on trouve des pensions dans lesquelles les chiens vivent en plein air et non en cage. Un établissement sérieux doit vous remettre un certificat de dépôt.
Dans ce type d'établissement, le chien peut contracter des maladies comme la toux de chenil. Le stress d'être enfermé dans un cadre non familier peut prédisposer l'animal aux infections. On vous demandera un certificat de vaccinations mentionnant l'administration d'un rappel récent, une attestation de protection contre la toux de chenil ainsi que le certificat de vaccination antirabique, obligatoire.

■ **La garde à domicile**

Pour que votre chien reste chez vous, vous pouvez faire appel à des associations qui en organisent la garde. Cette solution permet au chien de rester dans un cadre familier et limite le choc d'une séparation temporaire. La meilleure solution consiste à faire appel à une personne de votre connaissance ayant déjà eu recours à ce genre de prestation pour qu'elle vous indique les gardes dont elle a été satisfaite.

■ **Les familles d'accueil**

Vous pouvez aussi « placer » votre chien dans une famille qui s'engagera à en prendre soin comme s'il était chez lui. Il existe pour cela quelques associations.

CHAPITRE 8

LES EXPOSITIONS

S'INSCRIRE À UNE EXPOSITION

Jamais les concours canins n'ont été aussi variés et largement prisés qu'aujourd'hui. De par leurs aptitudes naturelles, les chiens de chasse sont le plus à l'aise dans les manifestations à l'occasion desquelles ils ont l'occasion d'utiliser leur sens olfactif et leurs capacités à localiser et rapporter le gibier ; malheureusement, les opportunités de *field-trial* (épreuve sur terrain) sont limitées. Pour obtenir des renseignements sur les manifestations prévues dans votre région, contactez la SCC (voir p. 144).

Au XIXe siècle, le Britannique Charles Cruft organisa une nouvelle exposition canine dont l'autorité ne s'est pas démentie depuis. Pour y participer, les chiens doivent au préalable avoir gagné des championnats nationaux, ou être classés dans une catégorie.

Les expositions ont lieu une fois par semaine et sont annoncées dans les magazines spécialisés.

Dans les expositions les plus importantes, mâles et femelles concourent dans des classes différentes. Les catégories sont formées selon l'âge des chiens et leur précédent palmarès. Un chiot de moins de 6 mois ne peut participer à aucune exposition.

Vous pouvez faire confirmer votre cocker à l'occasion d'une exposition canine. Présentez-vous muni du certificat provisoire de naissance, de la carte d'immatriculation au Fichier central et de l'examen de confirmation de votre cocker.

Comment inscrire le chien ?

- L'inscription à une exposition doit être effectuée par écrit auprès du secrétariat, plusieurs semaines avant la manifestation, et le formulaire dûment rempli doit être accompagné des frais d'inscription dans la catégorie choisie. Vous recevrez en retour un ticket d'entrée ainsi qu'un numéro de cage.
- Tous les chiens doivent toujours être immatriculés (c'est-à-dire tatoués), et, pour les réunions officielles, inscrits au LOF. Les chiens n'ayant pas obtenu de pedigree peuvent participer à des manifestations moins officielles.
- La présentation du chien justifie un toilettage régulier de votre cocker (voir p. 70). Pour obtenir des conseils sur la tenue d'un concours, rapprochez-vous de l'éleveur de votre chien, ou d'une personne participant régulièrement aux expositions. Il existe des classes spéciales préparant un jeune chien à se

L'ambiance est moins tendue dans les expositions où les chiens peuvent évoluer sur des rings engazonnés.

présenter dans un ring de beauté, et à savoir rester immobile pendant l'inspection du juge. On peut aussi lui y apprendre à marcher en laisse pour être apprécié le plus possible dans l'évaluation de ses mouvements. Cette session d'entraînement habitue le chien au contact de personnes qui lui sont inconnues, et notamment du juge.

■ Le chien sera jugé par rapport au standard de la race. Un animal s'en écartant notablement sera d'emblée très sérieusement désavantagé. Le juge tiendra compte de l'aspect général du chien : charpente, morphologie, tempérament. Il appréciera également la façon dont le chien se déplace et, pour un cocker, sera attentif aux mouvements de la queue qui indique que l'animal est doté du naturel gai caractéristique de sa race.

■ Pour devenir champion de France, un chien devra avoir obtenu trois Certificats d'aptitude conformes au standard (CACS) lors d'expositions nationales, dont un au championnat de Longchamp à Paris ou bien en Nationale d'élevage.

Le propriétaire est autorisé à maintenir la tête et la queue de son chien dans la position idéale pour donner au juge la meilleure impression.

LE DÉROULEMENT D'UNE EXPOSITION

En arrivant à l'exposition, demandez au secrétariat à quel endroit se trouvent les cages des cockers. Votre numéro de catalogue correspondra à votre numéro de cage. Garnissez-la d'une couverture afin que votre chien y soit confortablement installé car la journée risque de lui paraître un peu longue.

Quelques conseils

■ À l'entrée, on vous remettra le catalogue de l'exposition, dans lequel vous trouverez les chiens qui concourent avec le vôtre dans la même classe. Vérifiez que votre cocker est correctement inscrit.

■ Notez l'endroit de votre ring, et veillez au confort maximal de votre chien jusqu'à son passage sur le ring de beauté. Toilettez votre cocker pour le présenter au juge au mieux de son aspect physique.

■ Observez comment le juge de l'exposition souhaite que les chiens se déplacent, et surveillez le déroulement pour vous trouver prêt à entrer dans le ring quand la classe de votre cocker sera appelée. Un commissaire d'exposition va vérifier votre numéro ; celui-ci doit être affiché sur votre veste au moyen d'un clip, vendu sur place si vous n'en avez pas.

L'ÉQUIPEMENT À PRÉVOIR

■ Ticket d'entrée et d'engagement du chien.

■ Certificat antirabique.

■ Clip, pour fixer votre numéro de ring à votre veste.

■ Couverture pour la cage, pour que votre cocker puisse s'allonger confortablement.

■ Laisse de présentation.

■ Matériel de toilettage.

■ Matériel de ramassage de déjections.

■ Eau fraîche et bol.

■ Quand c'est à vous, entrez dans le ring en mettant votre compagnon en confiance. Si vous êtes tendu et inquiet, votre chien va l'être aussi. Dès que le juge vous indique que c'est votre tour, installez votre cocker en plaçant ses pieds aux endroits corrects, sans trop le manipuler. Puis arrangez-vous pour qu'il montre son naturel vif et joyeux.

■ Pour les premières places, on remet des certificats et des plaques de récompense ou bien des coupes. Si votre cocker ne rapporte aucune distinction, dites-vous qu'il y aura d'autres expositions, avec d'autres juges.

■ Enfin, lorsque l'on aime participer aux concours, il est bien rare que l'on tarde à rapporter un trophée !

CHAPITRE 9

LA REPRODUCTION

LES MALADIES HÉRÉDITAIRES

Quand on possède un chien, c'est un très grand plaisir que de voir grandir une portée de chiots. Mais si vous voulez faire saillir une chienne, pensez au temps que vous passerez à vous occuper des chiots avant qu'ils soient suffisamment grands pour intégrer un nouveau foyer.

La reproduction est réservée aux sujets les plus sains. Seuls les cockers présentant le caractère joyeux et les meilleures caractéristiques de leur race doivent être autorisés à se reproduire, sous la réserve impérative qu'il n'existe pas de maladies héréditaires.

Les maladies héréditaires

Parlez de votre projet de saillie au vétérinaire : vérifiez les antécédents d'hérédité de l'animal, et demandez les résultats des tests oculaires. Même une chienne apparemment en parfaite santé peut transmettre des maladies très graves

Dès la litière les chiots prennent leurs premières leçons de comportement.

Un cocker en bonne santé est heureux et fait un joyeux compagnon, quel que soit son âge.

à sa descendance si elle (ou l'étalon) est porteuse d'un gène défectueux ou si l'étalon en est affecté.

■ **Les problèmes oculaires** Ils sont divers : atrophie progressive de la rétine (dégénérescence débutant par une cécité nocturne), cataracte héréditaire (cécité partielle ou totale), entropion (irritation oculaire provoquée par un frottement des cils dû à l'enroulement vers l'intérieur du bord de la paupière).

■ **Les problèmes d'ossature** Parmi ceux-ci, citons : hernies discales, dysplasie de la hanche (emboîtement défectueux de la hanche, rare chez le cocker), et luxation de la rotule (anomalie ligamentaire autorisant certains mouvements de la rotule au lieu de maintenir celle-ci en position normale).

■ **La néphropathie** Cette maladie héréditaire rénale commence par une soif excessive et provoque une atrophie. Elle se précise par une analyse d'urines.

En principe, une chienne cocker a présenté les symptômes des affections indiquées ci-dessus avant d'être en âge de se reproduire ; mais certains caractères héréditaires ne se manifestent que plus tard. Parlez de vos projets à l'éleveur de votre chienne, et demandez-lui conseil sur le choix du mâle convenant le mieux à cette saillie.

LA SAILLIE

La plus grande attention doit être portée au partenaire de la saillie. Une fois que vous avez trouvé un mâle qui vous convient, vérifiez qu'il ne présente pas les caractères héréditaires mentionnés à la page précédente.

Il est d'usage que la saillie ait lieu chez le propriétaire du mâle. Vous allez prendre rendez-vous et vous enquérir du prix demandé ; vérifiez par la même occasion si les deux chiens vont être autorisés à jouer ensemble et à faire connaissance, de façon que l'accouplement soit naturel.

En effet, dans certains chenils, on muselle la chienne et on la maintient pendant la saillie, qu'elle ait ou non accepté le mâle. Toutefois, même si cela doit se traduire par une perte de temps due à un long trajet, la plupart des propriétaires de chiennes préfèrent ne pas forcer une saillie. La femelle peut ne pas être prête, à un ou deux jours près ; mais elle peut aussi ne pas apprécier le

LE MOMENT DE LA SAILLIE

- Les chiennes connaissent une période de chaleurs à peu près tous les six mois, la première manifestation intervenant vers l'âge de 9 mois. Parmi les signes annonciateurs, ou « chasses », signalons que la femelle s'accroupit pour uriner plus souvent, indiquant par là aux mâles qu'elle s'apprête à les accepter.
- Aux tous premiers signaux, donnez à la chienne une substance permettant de neutraliser les odeurs : c'est préférable pour le voisinage et cela vous évitera d'être constamment importuné par des chiens errants pendant les chasses.
- À mesure qu'approchent et se déroulent les chaleurs, la vulve augmente de volume et il se déclenche un écoulement couleur de sang qui va durer dix à douze jours. La chienne ayant alors tendance à une grande agitation, il faut qu'elle soit habituée à ne venir se coucher que sur sa litière. Elle ne sera prête à accepter le mâle que quand l'écoulement aura pris une teinte claire et que la vulve aura atteint sa taille maximale. À ce moment, si vous lui caressez le bas du dos, elle va balancer la queue d'un côté de façon très caractéristique, indiquant que le moment propice est arrivé. Pendant les trois semaines que durent les chasses, surveillez étroitement votre chienne, et promenez-la en laisse loin de chez vous pour éviter d'ameuter les mâles. Si vous en avez la possibilité, le mieux est encore de l'emmener en voiture.
- L'âge idéal pour une saillie est à environ 2 ans, au moment des troisièmes chaleurs, car une femelle jeune a des mises bas qui sont plus faciles.

mâle. Dans ce cas, elle doit avoir la latitude de le rejeter, car peut-être est-ce son instinct qui l'avertit que ce chien ne lui permettrait pas d'engendrer la meilleure des portées et la forcer ne servirait qu'à s'attirer des problèmes ultérieurs avec les chiots.

La saillie

- Après une cour préliminaire, le mâle monte la femelle : il s'y agrippe avec les griffes des pattes avant, et fait pénétrer son pénis dans la vulve. Les deux chiens se trouvent alors bloqués l'un dans l'autre par l'augmentation de volume du pénis. Il est conseillé, pendant cette phase, de tenir les animaux par leurs colliers pour éviter qu'ils ne se repoussent.
- Cette période de blocage dure en général une vingtaine de minutes, mais peut représenter entre quelques minutes et une heure. Il est d'usage que l'on retourne le mâle de façon que les deux chiens se tournent le dos, pour éviter à la femelle de supporter en permanence le poids du mâle.
- Les saillies peuvent être fructueuses même si cette période de blocage n'intervient pas, mais elles sont alors moins satisfaisantes. En tout état de cause, il est prudent de demander une seconde saillie, soit le lendemain, soit deux ou trois jours plus tard si la femelle accepte encore le mâle.

Laissez au mâle et à la femelle le temps de faire connaissance. Il est préférable de ne jamais forcer la saillie.

Avant de repartir

Faites-vous remettre une copie du pedigree du mâle ainsi qu'un reçu pour le prix de saillie, et mettez-vous d'accord, par écrit, avec l'autre propriétaire sur ce que vous feriez si la saillie ne s'avérait pas fructueuse : vous pouvez, par exemple, convenir que la chienne sera couverte à ses chaleurs suivantes sans que vous ayez à repayer une saillie. Pour pouvoir immatriculer ultérieurement la portée, il vous faudra également un certificat attestant que la saillie a bien eu lieu : procurez-vous un formulaire à l'avance auprès de la Société centrale canine, ce qui vous permettra de vous familiariser avec tous les documents demandés. Les représentants de la portée ne pourront être immatriculés que si les deux parents le sont eux-mêmes.

AVANT LA NAISSANCE

Informez votre vétérinaire de la date théorique de mise bas. Un praticien se déplace rarement à domicile pour des naissances, mais il peut conseiller par téléphone le propriétaire de la chienne en cas de problèmes.

Si des complications surgissent, vous devrez emmener votre chienne à une clinique vétérinaire disposant de tout l'équipement nécessaire.

La couche de mise bas

■ On trouve dans le commerce des caisses de mise bas en bois mais elles sont onéreuses, et encombrantes à ranger après les naissances. N'empruntez jamais une

LES SIGNES D'UNE GESTATION

■ En principe, il s'écoule 63 jours (soit 9 semaines) entre la saillie et la mise bas. Les propriétaires souhaitent savoir si l'accouplement a été fructueux : le vétérinaire peut parfois confirmer une gestation par palpation ou par échographie, mais c'est avec le temps qu'ils pourront en être véritablement certains : les chiennes peuvent faire des avortements spontanés même tardivement. Cette capacité permet d'éliminer les fœtus et embryons mal formés : c'est la preuve que la nature fait bien les choses, même si les hommes ont tendance à beaucoup intervenir.

■ **Les médicaments pendant la gestation**
Sauf en cas d'urgence ou de prescription vétérinaire, il est déconseillé d'administrer quelque médicament que ce soit à une chienne pendant sa gestation. Faites pratiquer une vermifugation avant la saillie, et après la mise bas. Si vous craignez la présence d'ascaris, faites faire une analyse de selles : si elle est négative, vous éviterez un traitement inutile.

■ **Les nausées matinales**
Durant les six premières semaines de la gestation, la chienne peut manifester des signes de nausée matinale. Donnez-lui alors de petits repas à intervalles plus rapprochés, en augmentant progressivement la ration quotidienne.

■ **Les modifications extérieures**
Si la portée est importante, vous allez constater une augmentation de la taille de l'abdomen, ainsi qu'une modification de la morphologie de la mère au moment où les fœtus descendent et se mettent en position pour la naissance.

■ **Les autres signes**
Dans les sept premières semaines de la gestation, un écoulement vaginal peut se déclarer, et les tétines et les glandes mammaires augmenter de volume.

caisse ayant déjà servi, pour éviter tout risque d'infection des petits consécutive à une mauvaise stérilisation du bois.

■ Vous pouvez utiliser une caisse en carton, de dimensions suffisantes pour permettre à la chienne de s'y allonger complètement. Un marchand de téléviseurs peut vous fournir un conditionnement adéquat si vous vous adressez à lui suffisamment à l'avance.

■ Procurez-vous cette caisse de mise bas une quinzaine de jours avant les naissances ; garnissez-la de coussins en polyester, et encouragez votre chienne à s'habituer à y aller.

■ Mais aussi confortable que soit cette caisse, c'est très probablement dans le jardin, sous un buisson, que votre chienne se trouvera le plus à l'aise pour mettre bas. À mesure qu'approche le moment des naissances, elle va se mettre à fouir le sol : dans la mesure du possible, ne l'en empêchez pas, car le fait de creuser ainsi favorise la première étape de la mise bas.

Juste avant la mise bas

Il est très fréquent qu'une chienne ne s'alimente plus pendant les deux ou trois jours précédant la mise bas, comme si son organisme utilisait toutes ses réserves pour se préparer à l'événement.

Ensuite, la chienne va devenir agitée ; elle peut aussi être prise de frissons dus à une baisse de température, destinée à préparer les chiots à leur environnement futur.

Elle va également haleter par intermittence, et peut-être vouloir aller dans le jardin par un réflexe de propreté, car elle sent qu'elle a quelque chose à expulser : accompagnez-la. Il n'est d'ailleurs pas exclu que la naissance d'un chiot se déclare quand la chienne s'accroupit pour satisfaire un besoin naturel. Le passage dans le jardin doit se faire sans délai si elle a déjà de fortes contractions, que l'on décèle au fait que la chienne pousse son corps vers le sol. Dans ce cas, rassurez-la en lui parlant doucement.

L'ÉQUIPEMENT À REGROUPER

■ Caisse de mise bas.

■ Coussins lavables (le polyester est un matériau idéal).

■ Serviettes et rouleaux de papier absorbant.

■ Lampe ou autre source de chaleur, réglable.

■ Lampe torche pour repérer la chienne dans le jardin.

■ Glucose à mélanger à l'eau fraîche offerte à la chienne.

■ Journaux, en quantités suffisantes.

■ Balance pour peser les chiots.

■ Lait en poudre se rapprochant de celui de la mère, en cas d'urgence.

■ Biberons spéciaux pour chiots, et eau pour la stérilisation.

La naissance

1 En général, une poche remplie d'un liquide foncé va apparaître puis se crever. Il existe une poche des eaux pour chaque chiot, mais celle-ci se rompt parfois avant la venue du chiot. Cette poche contient le liquide amniotique, et la mère la déchire avec les dents pour permettre à son petit d'effectuer sa première inspiration. Elle va ensuite lécher vigoureusement son chiot pour le nettoyer et stimuler la respiration ; n'intervenez pas dans ce processus, sauf si la mère est trop désorientée par la mise bas pour déchirer la poche des eaux : dans ce cas, faites-le à sa place.

2 Pour cela, lavez-vous à fond les mains, ouvrez la poche ; maintenez le chiot le museau vers le bas, essuyez-lui la gueule pour ôtez le mucus qui pourrait gêner la respiration. Nettoyez vivement le chiot avec une serviette propre. En principe, il suffit que le petit pousse un petit cri pour que la mère voie s'éveiller son instinct maternel et commence à tenir son rôle.

3 Chaque chiot est relié par l'intermédiaire d'un cordon ombilical à un placenta, qui est expulsé à la naissance du petit, ou ensuite. La mère peut dévorer ce placenta : ne l'empêchez pas de suivre son instinct, car elle y trouve des nutriments et des hormones dont elle a besoin, qui lui apporteront une énergie de récupération.

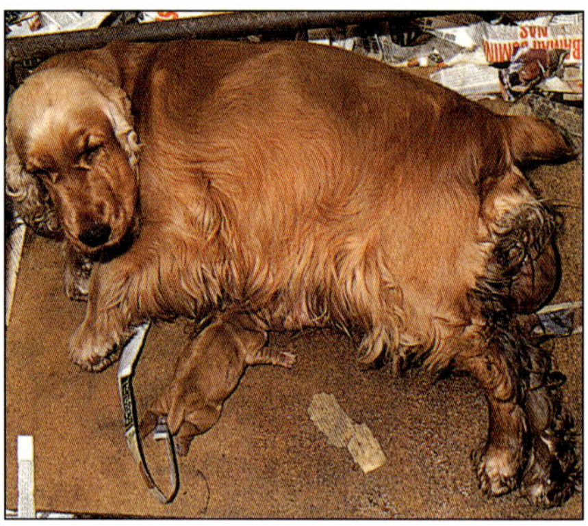

La mère expulse (ci-dessus) une poche contenant le chiot, la déchire (ci-contre), et lèche son petit pour stimuler sa première inspiration.

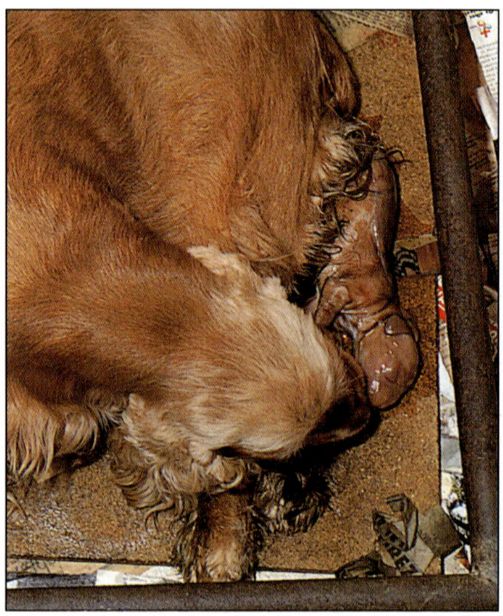

4 Normalement, la chienne coupe vigoureusement le cordon ombilical avec ses dents. Si elle ne le fait pas immédiatement, ne vous précipitez pas pour le faire à sa place : un chiot peut parfaitement rester relié au placenta pendant quelques minutes suivant sa naissance. Si vous devez intervenir, appuyez avec le pouce et l'index sur le cordon, à 7-8 cm du petit, pour chasser le sang en direction du chiot. Puis, avec des ciseaux stérilisés, tranchez le cordon à l'endroit où vous l'avez aplati.

5 Les différentes poches vont répandre au sol une abondante quantité de liquide. Essuyez celui-ci avec du papier absorbant, en douceur pour éviter de déranger la chienne.

6 Les nouveau-nés vont téter leur mère avant même la fin de la mise bas. Si celle-ci se prolonge, donnez à la chienne du glucose mélangé à de l'eau ou à du lait.

Après la délivrance

Encouragez la mère à laisser ses petits une ou deux minutes pour trouver un endroit confortable dans le jardin. Vous aurez un peu de mal à la persuader, à cause de son instinct maternel. Mais elle pourra ensuite rapidement venir nourrir et nettoyer sa portée. Les cockers femelles font de bonnes mères, qui s'acquittent très bien de leur tâche.

Si vous avez informé votre vétérinaire du début de la mise bas, tenez-le soigneusement au courant de la suite des événements. Il viendra vérifier que tous les animaux se portent bien le lendemain de la mise bas.

La mère coupe le cordon, dévore le placenta (ci-contre). Les chiots tètent tout de suite après (ci-dessus).

Les toutes premières semaines

Les tous premiers jours, donnez à la mère une alimentation facilement digestible : œufs brouillés, poulet ou poisson blanc sans arêtes. Elle risque d'être si occupée avec sa portée que vous devrez rester près d'elle pour vous assurer qu'elle vide bien son écuelle. Donnez-lui environ cinq repas par jour, en modulant les rations en fonction de son appétit.

Les soins à la mère

La période d'allaitement sollicite beaucoup la mère, qui doit s'alimenter suffisamment pour répondre à ses propres besoins et à ceux de ses petits. Une chienne ayant une portée de six chiots mange environ trois fois plus que d'habitude, jusqu'à ce que les petits aient 3 semaines.

- Pour assurer une lactation suffisante, une chienne doit boire beaucoup : veillez à ce qu'elle prenne suffisamment de glucose mélangé à de l'eau ou du lait. Laissez en permanence de l'eau fraîche à sa disposition.
- Chaque jour, assurez-vous que les chiots utilisent toutes les tétines et, si tel n'est pas le cas, encouragez-les à le faire. Si l'une des tétines se montre dure, massez-la très doucement avec une serviette mouillée d'eau assez chaude. La mastite (inflammation de la glande mammaire) est une complication douloureuse nécessitant des antibiotiques prescrits par le vétérinaire.
- En tétant, les chiots labourent de leurs pattes le ventre de leur mère. Vérifiez l'état de leurs griffes, qui peuvent rapidement devenir pointues et blesser la chienne. Coupez avec précaution l'extrémité des griffes avec des ciseaux à ongles.

Le sevrage

Le sevrage peut débuter quand les chiots ont environ 4 semaines, et même un peu plus tôt s'ils sont nombreux et que l'allaitement fatigue la mère. Ils doivent être nourris un par un jusqu'à ce qu'ils aient appris à manger et à boire seuls.

Commencez par un peu de bœuf finement haché, donné à la cuiller. Puis introduisez progressivement des aliments préparés spéciaux pour chiots en suivant bien les instructions portées sur le conditionnement.

Une fois que les chiots sont sevrés, la lactation va commencer à passer, et la mère pourra quitter sa litière quand elle l'entend. Tenez-la éloignée de ses petits pendant une heure environ après ses repas. Il est normal qu'une chienne régurgite de la nourriture qu'elle destine à ses petits.

Planifier le départ des chiots

Il est maintenant temps de prévoir le départ des chiots pour un nouveau foyer et de réunir les documents nécessaires. Au besoin, passez des annonces pour trouver des amateurs.

Il est possible de se procurer des carnets d'attestations provisoires d'assurance que vous remettrez au fur et à mesure du départ des chiots ; il est sage en effet d'assurer les animaux pendant la période critique allant jusqu'aux vaccinations.

L'immatriculation des chiots s'effectue après paiement des droits et envoi de la déclaration de saillie, cosignée par les propriétaires de l'étalon et de la lice. N'attendez pas le dernier moment pour vous faire adresser l'attestation.

Les éléments à transmettre au nouveau propriétaire

- Certificat d'immatriculation auprès de la Société centrale canine.
- Document écrit précisant l'alimentation qui a été donnée au chiot pour aider le nouveau maître.
- Indication d'un livre consacré au cocker.
- Certificat de vermifugation, ou précisions sur les dates de traitement et les produits administrés.
- Certificat de pedigree signé.
- Éventuellement, attestation d'assurance à partir du départ du chiot.

Autant il est satisfaisant de remettre de beaux chiots bien portants à des maîtres qui s'en occuperont correctement, autant il est pénible de voir revenir un animal qui ne s'est pas intégré dans une famille par manque de compréhension. Pour éviter un tel désagrément, choisissez votre client avec discernement : cherchez à déterminer quel est son mode de vie, observez son attitude ainsi que la façon dont il parle à un chien et le caresse, et arrangez-vous pour savoir s'il a déjà une expérience des chiens. Rien n'est plus gratifiant pour un éleveur que de partager les membres d'une portée avec d'autres personnes sachant apprécier les cockers et leur procurer une vie heureuse.

TROISIÈME PARTIE

SANTÉ

Dans cette troisième partie consacrée à la santé du chien se trouvent regroupés des conseils vétérinaires vous permettant de garder votre cocker en bonne forme physique, et de prévenir des problèmes courants. Vous y trouverez aussi des informations sur les maladies et affections canines, et notamment celles qui touchent le cocker pour des raisons héréditaires.

Si vous envisagez de mener à bien un élevage avec votre chien, les pages qui suivent vous apporteront tous les renseignements utiles sur les affections héréditaires concernant la race.

À la fin de l'ouvrage, un chapitre consacré aux urgences, accidents et bagarres entre chiens permet d'avoir les bons réflexes dans les situations les plus critiques, depuis les soins à prodiguer soi-même jusqu'à l'intervention d'un vétérinaire.

Chapitre 10

La santé du chien

Dans cette troisième partie consacrée à la santé de votre compagnon, le cocker est en général désigné au masculin ; mais, bien sûr, la plupart des rubriques concernent aussi bien le mâle que la femelle.

Le chien en bonne santé

■ Aspect et comportement

Un chien en bonne santé est toujours prêt à jouer avec son maître. Il manifeste également beaucoup d'entrain pour aller se promener. En bon chien de chasse, c'est un animal qui a besoin d'exercice.

■ Yeux

Vifs et brillants, ils ne présentent aucun écoulement hormis un peu de chassie due au sommeil vers l'intérieur de l'œil. La truffe est en général fraîche et humide, sans épanchement particulier ; toutefois, la présence d'un fluide clair n'est pas anormale.

■ Oreilles

Doté d'une ouïe très fine, le chien réagit immédiatement aux sons environnants. Les oreilles du cocker sont longues, pendantes et très fournies, portées sur le canal auriculaire et le côté de la tête. La face interne du pavillon est rose pâle et soyeuse, sans cire ni odeur nauséabonde. Le chien ne se gratte pas les oreilles ni ne remue la tête à l'excès.

■ Robe

Un cocker doit montrer un pelage brillant, agréable au toucher, sans pellicule. La robe doit légèrement « sentir le chien » et l'animal doit renouveler des poils en permanence, surtout s'il vit en intérieur.

■ Queue

La queue, si elle est coupée, doit avoir conservé le quart de sa longueur normale ; la peau au niveau de la coupure est d'épaisseur normale et n'irrite pas le chien. Une queue restée naturelle doit être effilée vers le bout et bien frangée.

■ Dents

Un chien en bonne santé a des dents blanches et lisses. Si elles sont jaunes et ternes, c'est sans doute dû à la présence de tartre ou aux séquelles d'une maladie antérieure.

■ Griffes et pieds

Les griffes ne doivent être ni trop longues ni cassées ; leur extrémité est insensible. La griffe doit arriver au sol, de niveau avec le coussinet. Le chien n'accorde à ses pieds qu'une toilette sommaire ; s'il se lèche en abondance, cela peut indiquer une affection. Le cocker a cinq doigts par antérieur, dont un ergot correspondant à notre pouce, et quatre doigts par membre postérieur. Si un chiot naît avec des ergots aux postérieurs, il est impératif de l'opérer entre 3 et 5 jours après la naissance pour éviter toute blessure à l'âge adulte.

■ Selles

Un chien en bonne santé émet entre une et six selles par jour selon l'alimentation, le tempérament, la race et les circonstances.

L'ANATOMIE DU COCKER

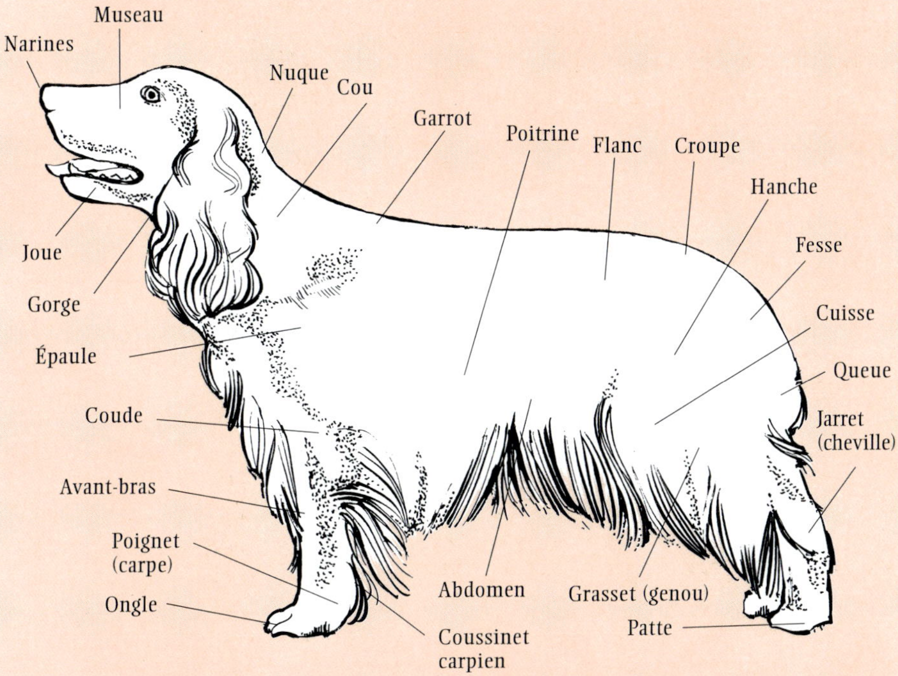

Ce schéma indique les principaux points de l'anatomie d'un cocker. Si certains termes sont identiques à ceux utilisés pour désigner les parties du corps humain, d'autres sont spécifiques au chien : le garrot, le grasset ou le stop. Vous trouverez p. 137 un glossaire de ces termes.

■ **Mictions**

Pour marquer son territoire, un mâle lâche de nombreux jets d'urine lors d'une promenade. La femelle a des mictions plus abondantes et moins fréquentes.

■ **Poids**

Un cocker en bonne santé n'est ni trop gras ni trop mince. Veillez à lui apporter une alimentation équilibrée et suffisamment d'exercice physique : aujourd'hui, le poids est excessif chez 60 % des chiens.

■ **Repas**

Le cocker est toujours prêt à venir à sa gamelle. À l'âge adulte, il doit s'alimenter à heure fixe ; un repas par jour lui suffit, mais certains animaux très actifs brûlant plus de calories ont besoin de deux repas pour maintenir leur poids.

L'INSPECTION DE VOTRE COCKER

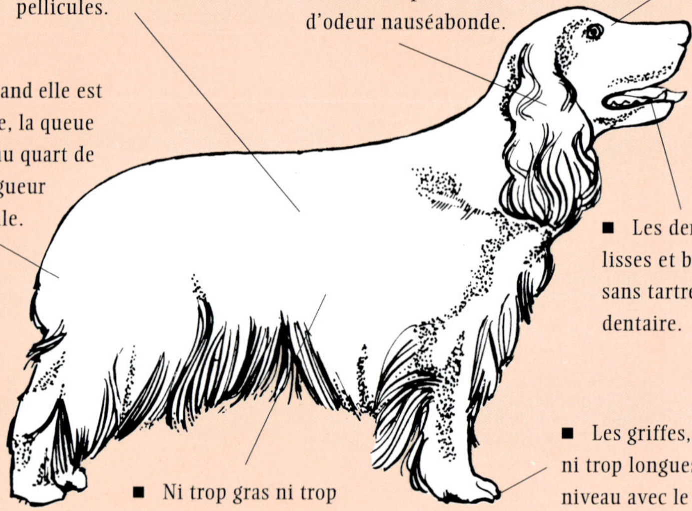

L'ALIMENTATION

Un chiot doit absolument disposer d'une alimentation adaptée, qui lui permette de donner tout son potentiel pendant la phase de croissance ; chez le cocker, celle-ci dure jusqu'à l'âge de 12 à 18 mois.

Les repas que les maîtres préparent eux-mêmes sont le plus souvent mal équilibrés, et présentent donc des carences. À moins d'avoir des connaissances en matière de nutrition, il est nettement préférable de faire confiance aux aliments tout préparés : les quantités et proportions sont correctement formulées, et assurent l'apport en nutriments essentiels : protéines, glucides, graisses, fibres, vitamines, et sels minéraux comme le calcium ou le phosphore.

■ Nourrir un chiot

Aujourd'hui, on peut considérer que les aliments secs sont maintenant si complets et offrent tant d'avantages qu'un chiot peut s'en nourrir exclusivement à partir de l'âge de 4 semaines. Ces aliments, qui se croquent, ont aussi un rôle bénéfique dans le processus de formation de la dentition.

Les aliments humides présentés en boîtes sont excellents ; mais vérifiez s'il s'agit de

BIEN S'OCCUPER D'UN CHIEN ÂGÉ

Si vous vous en êtes bien occupé, vous n'avez pas besoin de traiter différemment votre cocker à mesure qu'il vieillit. Voici cependant quelques conseils pour bien prendre soin des chiens âgés.

L'alimentation

La nourriture d'un cocker âgé doit :

- aider à résoudre les problèmes existants ;
- freiner ou empêcher l'évolution des affections ;
- permettre de maintenir le poids à un niveau idéal ;
- être savoureuse et digeste ;
- être plus riche en acides gras, en vitamines (A, B et E) et en certains minéraux, le zinc notamment ;
- apporter moins de protéines, de phosphore et de sodium.

L'entretien et l'exercice physiques

Jusqu'à 10 ans, maintenez le même niveau d'exercice physique, sans brusque changement, ce qui serait néfaste. Laissez votre cocker indiquer de lui-même à quel moment il s'est assez dépensé et ne le forcez pas à continuer. Si après une longue promenade il traîne la patte, a du mal à marcher, à respirer ou à se mettre debout, faites pratiquer un examen de santé. En vieillissant, un chien a besoin d'une bonne nourriture, de compagnie, de confort, et même parfois d'un changement de cadre pour agrémenter sa vie.

Pour éviter l'obésité

L'organisme tout entier vieillit : moins bon fonctionnement du cœur et du système circulatoire, des poumons, des muscles et des articulations. Tous ces systèmes peuvent défaillir en cas de poids excessif.

- Un petit régime : un chien au poids normal vivra plus longtemps qu'un animal trop gros. Si vous avez laissé votre cocker s'enrober mettez-le au régime. Une fois que le chien aura perdu suffisamment de poids, vous augmenterez les rations jusqu'à la dose pratiquement normale.
- Calories et nutriments : réduisez l'apport en calories à 60 % de la normale (transformation des graisses en énergie). Optez pour un régime riche en fibres qui calmera la sensation de faim.
Maintenez l'apport en nutriments essentiels tels que protéines, vitamines et minéraux, pour éviter toute carence.
- Les régimes basses calories : un vétérinaire peut fournir ou indiquer des aliments à basses calories disponibles dans le commerce ou vous conseiller pour la confection de repas maison.

Le comptage des années

On dit qu'un an de vie d'un chien correspond à sept ans de la vie d'un homme. Voici le tableau de correspondance.

– 1 an pour un chien : 15 ans pour un humain
– 3 ans pour un chien : 30 ans pour un humain
– 6 ans pour un chien : 40 ans pour un humain
– 9 ans pour un chien : 55 ans pour un humain
– 12 ans pour un chien : 65 ans pour un humain
– 15 ans pour un chien : 80 ans pour un humain

Note : Ces chiffres ne sont qu'indicatifs, les grands chiens ayant une longévité inférieure à celle des races plus petites.

formules complètes ou nécessitant un complément, sous forme de flocons, par exemple. Si vous avez de bonnes notions de nutrition, vous pouvez bien sûr composer vous-même les menus avec des ingrédients frais.

■ Jusqu'à 3 mois, un cocker doit être nourri quatre fois par jour ; si vous lui donnez des aliments secs, il pourra s'alimenter à volonté. La dose quotidienne dépend de l'âge du chiot et du type d'aliment. Si le conditionnement ne donne pas d'indications, consultez votre vétérinaire.

■ À partir de 3 mois, le chiot a besoin de trois repas quotidiens dont les rations seront plus importantes. Après 6 mois on lui donnera deux repas, toujours composés d'une nourriture pour chiots ou Spéciale Croissance. Ce régime sera maintenu jusqu'à l'âge de 12 à 18 mois, après quoi le cocker recevra une alimentation pour adulte.

■ **Nourrir un chien adulte**

Un chien adulte doit recevoir un repas par jour. On trouve aujourd'hui une large gamme de produits de qualité en grandes surfaces ou dans les commerces spécialisés. Le vétérinaire est parfaitement qualifié pour vous conseiller sur l'alimentation d'un cocker selon son âge, son niveau d'activité et son état de santé général.

■ **Nourrir un chien âgé**

À partir de 10 à 12 ans, votre cocker doit recevoir une alimentation tenant compte de son âge et de son état de santé général. Son organisme a désormais des exigences différentes. Parlez-en à votre vétérinaire, car il saura évaluer l'état de santé de l'animal et ses besoins spécifiques.

DES PLATS BIEN ÉTUDIÉS

Pour éviter à votre cocker de se salir les oreilles, achetez un bol profond à bords inclinés.

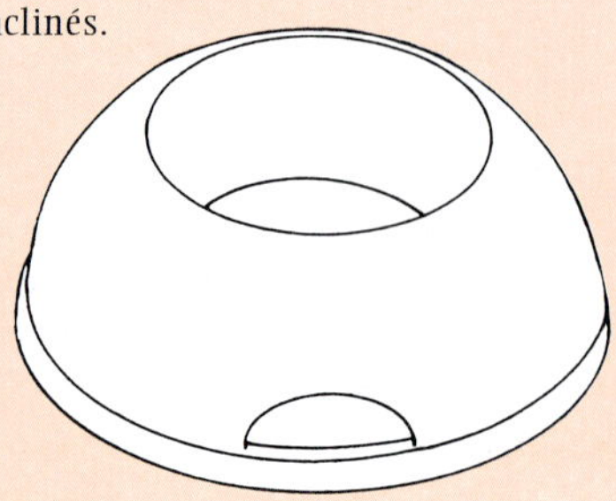

L'EXERCICE PHYSIQUE

Pour le chiot

Quand il est encore chiot, un cocker ne doit pas pratiquer d'exercice physique excessif. À l'âge auquel vous en prenez possession, entre 8 et 10 semaines, il peut se contenter d'incursions fréquentes dans un jardin clos, non accessible aux chiens errants. Il peut et doit rencontrer d'autres chiots et jouer avec eux, s'ils sont vaccinés et présentent un comportement fiable. Il aime aussi jouer énergiquement avec son maître : veillez cependant toujours à terminer vainqueur dans un jeu impliquant la comparaison de vos forces respectives.

Emmenez-le pour qu'il s'habitue au cadre et aux bruits de l'extérieur ; mais, afin de prévenir tout risque d'infection, évitez de le poser à terre avant qu'il ait subi toute sa série de vaccins.

Une semaine environ après les secondes injections, vous pourrez commencer les promenades. Mais votre chiot peut se comparer à un enfant qui commence à marcher : ses os ne sont pas calcifiés, ses articulations se forment, et vous compromettriez son développement à trop le

LES VACCINATIONS

La vaccination consiste en l'administration d'un germe pathogène tué ou atténué ; celui-ci stimule la formation d'anticorps contre la maladie en question.

Les cinq grandes maladies

Tous les chiens doivent absolument être protégés par vaccin contre cinq maladies graves :

- Maladie de Carré.
- Hépatite virale (maladie de Rubarth).
- Leptospirose.
- Parvovirose.
- Rage.

La toux de chenil

La plupart des vaccinations contiennent une substance contre la parainfluenza, dont le virus est l'une des causes de la toux de chenil qui fait des ravages dans les chenils et pensions. Cette maladie est aussi due à la bordetella, contre laquelle il existe un vaccin sous forme de gouttes nasales à donner au chien avant son arrivée au chenil.

Note : Pour détails, voir p. 107.

Quand faire faire les vaccins ?

- Pour le chiot : les vaccinations doivent se faire entre 8 et 10 semaines, le rappel entre 2 et 4 semaines plus tard.
- Pour les chiens adultes : faire faire tous les ans un examen de santé et un rappel de vaccinations.

solliciter. Jusqu'à l'âge de 4 mois, trois promenades par jour, d'une demi-heure chacune, suffisent amplement. Les deux mois suivants, deux à trois heures quotidiennes. À 6 mois environ, les os et articulations seront assez développés pour que votre chiot supporte des sorties en pleine campagne ou dans un parc. Mais ne lui faites pas faire d'exercices fatigants avant 9 à 12 mois ; les articulations auront alors presque atteint leur état définitif et les os seront calcifiés.

Pour le chien adulte

Un cocker adulte offre une résistance à l'exercice pratiquement illimitée, plus grande que celle de bien des maîtres. Étant vif, actif et intelligent, il a besoin de bénéficier d'exercice physique ne se limitant pas aux week-ends. Il lui faut une heure ou deux par jour d'un exercice sollicitant son énergie.

- **Les jeux**

Le cocker aime jouer : pour aiguiser son attention, faites-lui rapporter ou retrouver un objet.

L'HYGIÈNE AU QUOTIDIEN

Plusieurs mesures d'hygiène sont à prévoir régulièrement pour maintenir votre cocker dans des conditions optimales.

- **Le brossage**

Un chien doit être brossé tous les jours. Procurez-vous (chez votre vétérinaire ou en magasin) une brosse dure ou un peigne, en précisant bien qu'elle est destinée à un cocker. Le brossage s'effectue toujours dans le sens du poil. La robe du chien croît en permanence, avec un renouvellement pileux plus important chez les chiens vivant en intérieur, la constance de la température atténuant les phénomènes saisonniers. Le brossage débarrasse la robe des poils superflus et des pellicules, et stimule les glandes sébacées qui sécrètent la graisse donnant au poil son brillant (voir pp. 70 à 75).

■ **Les bains**

Il n'est pas nécessaire de faire prendre fréquemment un bain à votre cocker, mais il est utile de lui administrer régulièrement un shampooing-lotion spécial pour chiens.

■ **L'alimentation**

Il n'est pas bon de changer l'alimentation du chien car son appareil digestif s'habitue à un type de nourriture. Il ne ressent pas le besoin de variété ; il suffit donc de lui donner une alimentation équilibrée qui lui plaise, et de s'y tenir.

■ **Les heures de repas**

Nourrissez votre cocker à heure fixe. Un sujet adulte se contente d'une ration par jour, le matin ou en fin d'après-midi selon votre gré ou votre disponibilité. En revanche, évitez de lui faire faire de l'exercice physique dans l'heure qui suit, l'idéal étant de nourrir votre compagnon après une bonne promenade, et non avant. Certains chiens préfèrent être nourris en deux fois : c'est parfaitement envisageable, à condition que la ration quotidienne ne soit pas augmentée pour autant.

■ **L'eau**

Laissez toujours à disposition de votre cocker un bol d'eau propre et fraîche, que vous renouvellerez une ou deux fois par jour. Cette eau est particulièrement importante si le chien mange des aliments secs.

■ **Les « besoins » du chien**

Votre premier geste du matin doit être d'ouvrir la porte du jardin pour que votre cocker puisse faire ses besoins dans un périmètre que vous lui aurez appris à fréquenter. La sortie pour les besoins ne se justifie que si vous n'avez ni jardin ni cour. En propriétaire responsable, il vous appartient de ramasser ou d'arroser les déjections pour éviter tout désagrément à autrui, aux enfants en particulier.

DENTS ET MÂCHOIRES

Les incisives (devant) permettent de saisir et trancher les aliments, les canines (grandes et pointues) de les déchirer, les molaires, de les broyer.

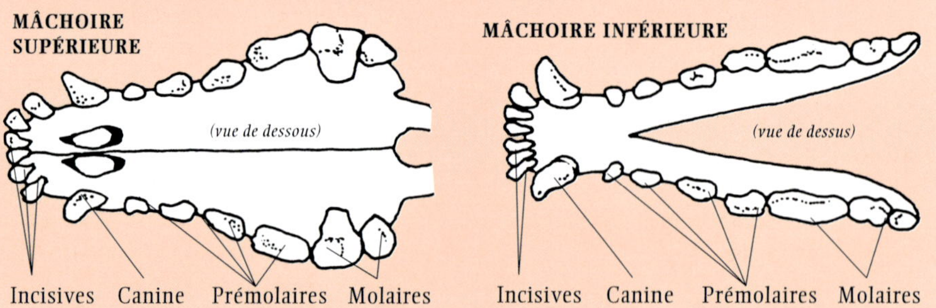

■ Dans la journée, votre cocker doit avoir accès, à intervalles de quelques heures, à un endroit où il pourra faire ses besoins. Faites-lui faire un dernier tour dehors juste avant de vous coucher.

■ Les chiens émettent une selle juste après leur repas : c'est une pratique à encourager.

■ **La compagnie**

Le cocker étant très sociable et très attaché à son maître, il est indispensable d'être avec lui le plus souvent possible. Un chien adulte correctement éduqué et socialisé peut rester seul entre une et trois heures ; en revanche, un chiot exige une attention constante pour vivre un développement équilibré. Répétons ici que les jeux constituent une activité essentielle pour l'épanouissement psychologique d'un chien.

■ **Les soins dentaires**

Certains aliments complets se croquent, ce qui limite les effets de la plaque dentaire et du tartre. Inspectez toutefois chaque jour la denture : soulevez les babines et examinez canines, incisives, et aussi molaires et prémolaires. Les dents doivent être saines et d'un blanc éclatant.

■ **Le nettoyage des dents**

Si, en revanche, vous ne donnez pas de croquettes à votre chien et que celui-ci est plutôt nourri avec des boîtes ou de la viande fraîche, un brossage quotidien des dents sera utile avec une brosse et un dentifrice spéciaux. Complétez-le avec des jouets à mâcher ou certains légumes (carottes), et avec un gros os à moelle, à donner sous surveillance pour éviter les fractures de dents. Des aliments savoureux encourageant la mastication sont en vente : votre praticien vous indiquera le plus adapté pour votre chien.

■ **Les dentitions**

Dès la naissance, ou très rapidement après, le chiot est doté d'une denture de lait complète. À 16 semaines environ, la denture définitive commence à s'implanter, en commençant par les incisives. C'est à 6 mois environ qu'un chien a ses dents d'adulte. Si elles sont en surnombre ou mal implantées, consultez un vétérinaire.

L'INSPECTION GÉNÉRALE

Une inspection complète de votre cocker n'est pas nécessaire tous les jours, sauf si vous constatez une anomalie. Assurez-vous cependant quotidiennement que :

- la robe et la peau sont saines ;
- les yeux sont brillants ;
- les oreilles sont propres ;
- l'animal ne boite pas.

Vérifiez aussi qu'il a mangé toute sa ration, que selles et urines sont normales.

LES SOINS RÉGULIERS

La vermifugation

■ **Ascaris *(Toxocara)***

Un chiot doit être vermifugé tous les quinze jours entre l'âge de 2 semaines et de 3 mois, puis une fois par mois jusqu'à ses 6 mois. Ensuite, pour les femelles stérilisées ou les mâles, deux vermifugations par an suffisent. Quant aux femelles utilisées pour l'élevage, elles demandent un traitement spécial contre les ascaris. Par ailleurs, on a constaté que les femelles non stérilisées faisant une gestation nerveuse sont parasitées par des larves d'ascaris, ce qui justifie aussi une vermifugation.

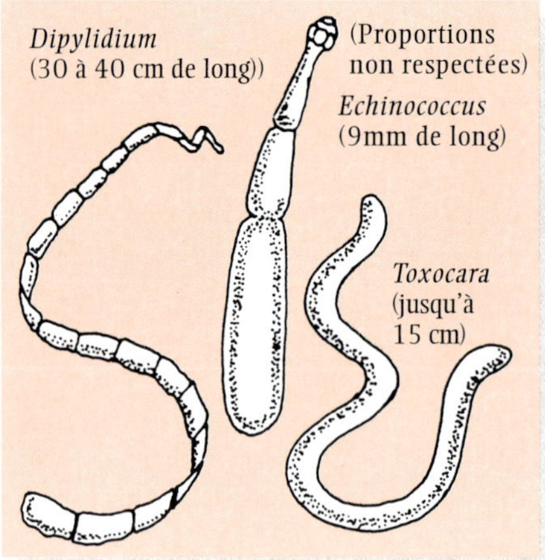

■ **Ténias *(Dipylidium et Echinococcus)***
Ces parasites se repèrent assez facilement : en forme d'anneaux blanchâtres, on les retrouve dans les selles du chien. Ils sont hébergés par des hôtes intermédiaires (puces et déchets, de mouton en général). Par précaution, on conseille souvent la vermifugation semestrielle des sujets adultes.

LES VERMIFUGATIONS

Un chien doit être vermifugé régulièrement contre les ascaris :

■ Tous les quinze jours pour les chiots entre 2 semaines et 3 mois.

■ Tous les mois pendant la période de 3 à 6 mois.

■ Puis deux fois par an pour les femelles stérilisées et les mâles.

Note : Par ailleurs, un chien adulte doit être traité deux fois par an contre les ténias. Les femelles utilisées pour la reproduction ont des besoins particuliers. Renseignez-vous auprès de votre vétérinaire.

Traitement
Le vétérinaire dispose de produits sans danger qui détruisent ascaris et ténias.

LES PROBLÈMES SPÉCIFIQUES

Lorsqu'il est en bonne santé, le cocker est un compagnon joyeux, affectueux et dynamique. Il est cependant plus sensible que d'autres chiens à certaines affections.

■ **Atrophie progressive de la rétine**
Cette dégénérescence héréditaire de la rétine frappe plusieurs races, dont le cocker. Elle peut entraîner une cécité totale (voir détails p. 118). Les chiens des deux sexes touchés par cette maladie ne doivent pas être autorisés à se reproduire.

■ **Entropion**
C'est une maladie héréditaire très fréquente chez le cocker. Elle frappe plus particulièrement les sujets jeunes. Du fait de l'enroulement vers l'intérieur du bord d'une paupière, les cils viennent frotter et irriter le globe oculaire. L'œil, larmoyant, est souvent tenu fermé. L'entropion nécessite une intervention chirurgicale.

■ **Persistance de la membrane oculaire**
La vision est affectée par la présence d'une membrane attachée à l'iris. Cette anomalie est héréditaire chez le cocker.

■ **Néphropathie d'origine familiale**
Cette maladie rénale, malheureusement sans traitement, est assez fréquente chez les cockers : la défaillance des reins provoque la mort du chien à un jeune âge.

■ **Glaucome**
Héréditaire chez les cockers, le glaucome est provoqué par une augmentation de la pression intra-oculaire, qui entraîne douleur et inflammation oculaires, ainsi qu'une importante production de larmes.

■ **Ectropion**
C'est le contraire de l'entropion, la paupière s'enroulant ici vers l'extérieur. C'est également une affection héréditaire.

MALADIES HÉRÉDITAIRES (ŒIL)

Entropion

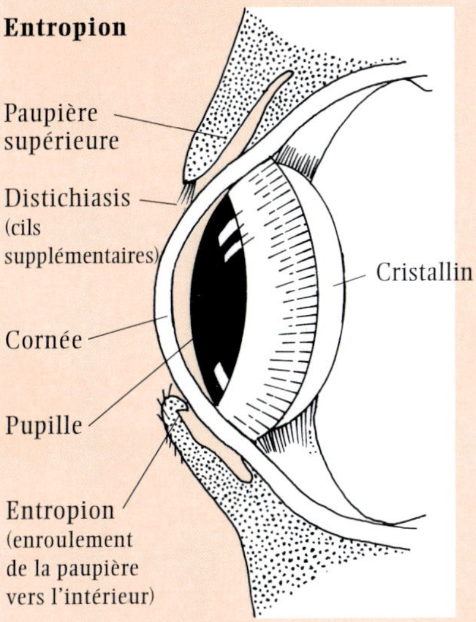

Ectropion

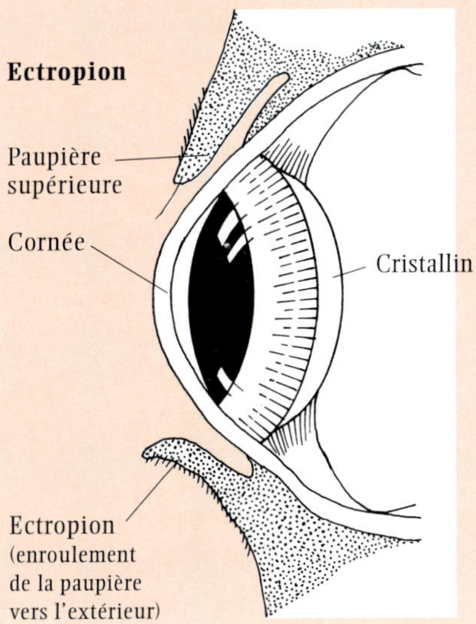

■ **Distichiasis**
Dans cette anomalie, héréditaire chez le cocker, des poils supplémentaires très fins croissent le long de la paupière et viennent frotter contre la cornée.

■ **Maladie de Willebrand**
Héréditaire chez le cocker, la maladie de Willebrand se caractérise par une anomalie des plaquettes sanguines et provoque des hémorragies.

Note : Vous pouvez aussi limiter les risques d'affections en vous renseignant avant l'achat sur les antécédents du chiot. Seuls l'entropion, la néphropathie familiale et l'atrophie progressive de la rétine sont des maladies héréditaires courantes chez les cockers.

L'ASSURANCE SANTÉ

On limite sensiblement les honoraires de vétérinaire en sélectionnant judicieusement son chiot et en vérifiant sa forme physique : un animal en bonne santé, de poids correct, dont l'esprit est occupé aussi bien que le corps, vacciné, et nourri de façon adaptée. Mais l'imprévisible est toujours possible : un accident ou une blessure ne sont jamais à exclure, et votre chien peut développer des allergies définitives ou des maladies évoluant à long terme, un diabète, par exemple. Pour vous prémunir contre ces impondérables, votre vétérinaire peut vous suggérer une assurance-santé : suivez ses conseils afin de souscrire un contrat qui soit adapté aussi bien à vous-même qu'à votre cocker.

CHAPITRE 11

MALADIES ET AFFECTIONS

AFFECTIONS RESPIRATOIRES

■ **Rhinite**
Cette affection peut atteindre le cocker, mais elle n'est pas fréquente. Les symptômes les plus courants sont des éternuements et un écoulement nasal, coloré ou non. Si elle est d'origine virale, bactérienne ou fongique, elle indique une affection plus grave (maladie de Carré, toux de chenil).

Si le chien a inhalé une barbe de graminée ou un autre corps étranger, il éternue alors violemment. Cela se produit souvent après une promenade dans des herbes hautes.

■ **Tumeurs nasales**
Une radiographie permet de déceler la présence d'une masse dans la chambre nasale, qui cause une hémorragie. Les tumeurs nasales sont rares chez le cocker.

Affections provoquant une toux

La toux est un phénomène-réflexe qui permet de libérer d'un corps étranger bronches, trachée et larynx. Une inflammation aiguë de ces organes peut aussi la déclencher.

■ **Laryngite, trachéite, bronchite**
L'inflammation des bronches, du larynx et de

LE SYSTÈME RESPIRATOIRE

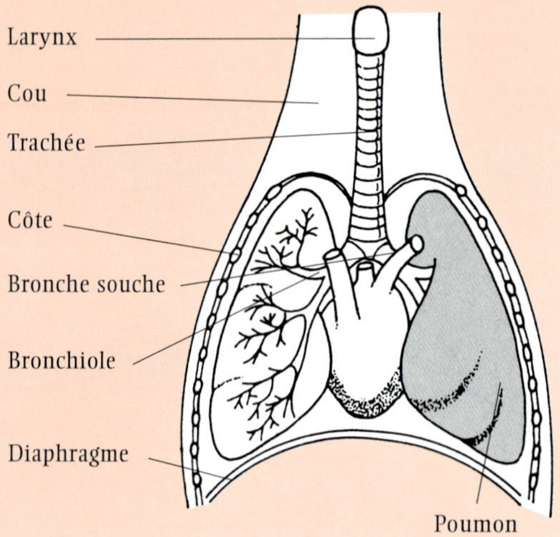

L'appareil respiratoire comprend le larynx, la trachée, les poumons, les bronches et bien sûr le nez. L'air est filtré et envoyé dans la trachée par l'intermédiaire du larynx. Il arrive aux poumons par les bronches, qui se subdivisent en bronchioles et se terminent en alvéoles. L'échange entre oxygène et gaz carbonique se produit dans les alvéoles.

LES MALADIES INFECTIEUSES

■ **Maladie de Carré.** Cette maladie mortelle d'origine virale affecte les jeunes chiens de moins d'un an. Les sujets atteints toussent et présentent des épanchements dans les yeux et le nez. Une pneumonie se déclare souvent, suivie de diarrhées et de vomissements. Si le chien est encore en vie, des symptômes nerveux apparaissent : convulsions, paralysie ou chorée (tics saccadés). Les coussinets plantaires deviennent plus épais et plus durs.
Traitement. Les antibiotiques peuvent être utiles, mais seule la vaccination des chiots est vraiment efficace, avec un rappel tous les ans.

■ **Hépatite virale.** Cette maladie du foie, dans sa forme aiguë, se décèle à plusieurs symptômes : le chien refuse toute nourriture, devient très déprimé et prostré ; la mort subite peut survenir. La guérison s'avérant impossible pour une hépatite aiguë, la prévention par vaccin est indispensable.

■ **Leishmaniose.** Due à un germe inoculé par un moustique du pourtour méditerranéen. Symptômes généraux, cutanés et ganglionnaires.

■ **Leptospirose.** Elle présente deux formes différentes, très graves et parfois mortelles, et transmissibles à l'homme :
Leptospira canicola
Elle occasionne de graves troubles rénaux.
Leptospira icterohaemorrhagiae
Elle provoque une infection aiguë du foie entraînant souvent une jaunisse.

■ **Parvovirose.** Cette affection intestinale entraîne des diarrhées et vomissements soudains, souvent sanguinolents, et un abattement aigu. La mort survenant par une déshydratation, il faut absolument compenser la perte de fluide et d'électrolyte. Des antibiotiques s'ajoutent, pour contrer une infection bactérienne secondaire. La prévention par vaccination est indispensable.

■ **Toux de chenil.** Cette toux très infectieuse se propage principalement dans les chenils et pensions.

■ **Rage.** Due à un virus, elle se transmet par morsure ou blessure souillée de salive d'un animal enragé. La législation française exige la vaccination et le tatouage dans les départements contaminés. Grâce à cette prophylaxie, les cas sont extrêmement rares, et la rage ne concerne pratiquement que les animaux sauvages.

la trachée peut naître d'une infection (toux de chenil, maladie de Carré), de fumées irritantes ou de la présence d'un corps étranger. En général, les trois organes sont simultanément atteints.

La bronchite est très grave chez le chien âgé quand elle est causée par une infection persistante ou une irritation lésant irréversiblement les bronches, la toux devenant pratiquement continue.

Affections provoquant des difficultés respiratoires

Les difficultés respiratoires se manifestent quand une affection occupe l'espace thoracique, ce qui entrave l'oxygénation du sang. La radiographie permet d'établir un diagnostic précis.

■ **Pneumonie**
Cette infection peut être causée par :
■ Un virus.
■ Une bactérie.
■ Un champignon ou l'inhalation d'une substance comme de l'eau, par exemple.

■ **Tumeurs**
Logées dans l'espace pulmonaire, elles créent des problèmes respiratoires, par l'accumulation de sécrétions dans la poitrine.

Accidents d'ordre respiratoire

Ils sont fréquents à la suite d'accidents. Parmi les blessures possibles, citons :

■ **Hémorragies pulmonaires**
La rupture d'un vaisseau sanguin du poumon y crée un épanchement de sang.

■ **Rupture du diaphragme**
Elle peut faire remonter dans la cage thoracique des organes abdominaux : foie, rate ou estomac.

TROUBLES CARDIO-VASCULAIRES

La crise cardiaque est rare. Une anomalie de la fonction cardiaque peut entraîner un collapsus ou un évanouissement.

Souffles cardiaques

■ **Maladie acquise**
Due à inflammation ou usure des valves, problème de rythme ou de débit, ou affection du muscle cardiaque. Plusieurs signes peuvent l'annoncer :
■ Faiblesse.
■ Torpeur.

LE CŒUR VU EN COUPE

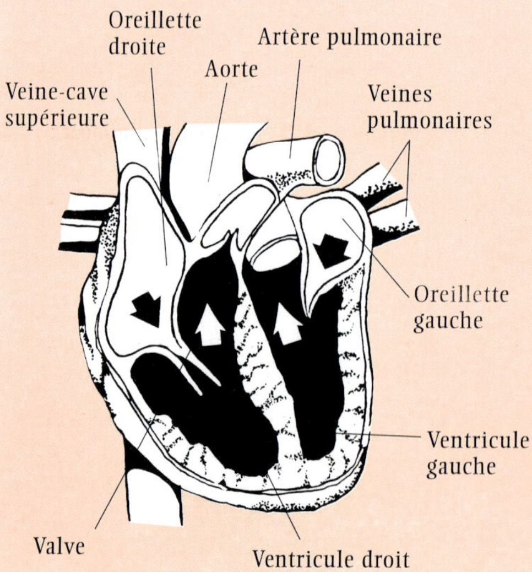

Le cœur comporte deux paires de cavités, les oreillettes et les ventricules. Le sang vicié pénètre dans l'oreillette droite, puis est aspiré par le ventricule droit jusqu'aux poumons où il est réoxygéné. Ce sang sain redescend alors dans tout l'organisme par l'oreillette puis le ventricule gauches.

LE SYSTÈME CIRCULATOIRE

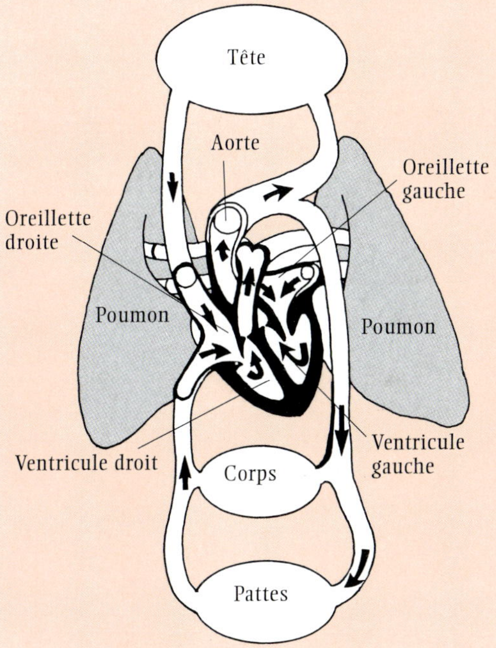

Le système circulatoire permet la diffusion du sang dans l'organisme.

- Le sang oxygéné pompé par le cœur arrive par un réseau d'artères à tous les organes du corps : cerveau, muscles, foie, etc.
- Le sang est appauvri de son oxygène et des nutriments.
- Ce sang usé retourne par les veines au ventricule droit, puis aux poumons.
- L'échange gaz carbonique-oxygène s'effectue dans les poumons.

- Halètement.
- Toux.
- Distension de l'abdomen.
- Collapsus.
- Perte de poids.

Insuffisance congénitale

Elle provient de la déficience d'une valve ou d'un trou au cœur, assez fréquents chez le cocker. Parmi les signes permettant d'identifier la maladie, mentionnons :

- Une difficulté à se développer et à croître.
- La mort subite du chiot.

Note : L'arrêt du cœur congestif est l'issue finale de ces anomalies.

L'INSUFFISANCE CARDIAQUE

Plusieurs signes peuvent l'annoncer :

- Intolérance à l'effort.
- Torpeur.
- Halètement et/ou toux.
- Extension de l'abdomen par accumulation de fluides.
- Digestion difficile et perte de poids.

L'intervention vétérinaire comprendra un examen complet, une radiographie du thorax et un électrocardiogramme, et une exploration par échographie.

Blocs cardiaques

Cette affection acquise entraîne un défaut de la conduction nerveuse dans le muscle cardiaque, et a des conséquences négatives sur le rythme et le débit.

Défauts de coagulation

■ **Problèmes de coagulation**
Suite d'un empoisonnement à la mort-aux-rats, l'hémorragie exige un traitement urgent (voir « Premiers Secours », p. 129).

■ **Troubles congénitaux de la coagulation**
Ils se manifestent en cas d'anomalie dans les plaquettes (maladie de Willebrand, qui atteint souvent les cockers) ou dans le processus de coagulation, qui sont tous deux essentiels pour une cicatrisation normale.

Tumeurs

La rate, qui est un réservoir de sang, est couramment le siège de tumeurs, surtout chez les chiens âgés. Elles peuvent saigner lentement dans l'abdomen ou se rompre soudainement, ce qui crée un collapsus. L'ablation de la rate s'avère nécessaire.

TROUBLES DE L'APPAREIL DIGESTIF

Problèmes buccaux

Affections dentaires

■ **Présence de tartre**
Cette solidification de particules alimentaires irrite les gencives et entraîne notamment : douleur, mauvaise haleine, recul gingival et, enfin, chute des dents. L'évolution en parodontopathie peut être contrée par un brossage régulier et, parallèlement, par une bonne alimentation et des biscuits à mâcher.

■ **Parodontopathie**
L'inflammation et l'érosion de la gencive en bordure des racines des dents sont très courantes chez les chiens, et notamment chez les cockers, du fait sans doute de l'accumulation de salive aux replis des lèvres. Un détartrage et un polissage sous anesthésie sont nécessaires pour sauver les dents.

■ **Carie**
Elle affecte rarement les chiens sauf ceux à qui l'on donne sucreries et chocolat.

■ **Fracture de dent**
Elle peut se produire en cas d'accident de la route, ou si vous avez un chien qui adore mordiller les cailloux.

■ **Épulis** Cette prolifération bénigne de la gencive exige une ablation chirurgicale.

Kystes salivaires ou « grenouillettes »

La rupture d'un canal salivaire provoque des renflements mous et remplis de fluides sous la langue ou le cou.

Tumeurs buccales

Souvent malignes, elles grossissent rapidement et se propagent à d'autres organes. Conséquences : troubles respiratoires, salivation accrue, saignements buccaux et difficultés à s'alimenter.

■ **Corps étrangers dans la gueule**
(Voir « Premiers secours », p. 134.)

Troubles provoquant des vomissements

■ **Gastrite**
Cette inflammation de l'estomac peut être due

L'APPAREIL DIGESTIF

L'appareil digestif comprend la bouche, la gorge, l'œsophage, l'estomac, le foie, le pancréas, l'intestin. Après ingestion, les aliments passent dans l'estomac et l'intestin où des enzymes les décomposent. Les nutriments sont absorbés par l'organisme, les déchets sont éliminés par le rectum.

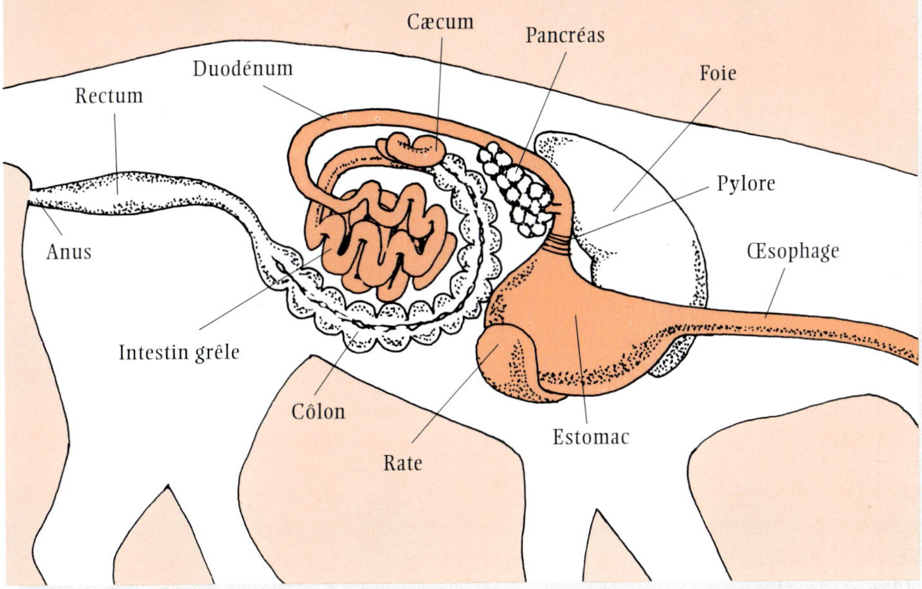

à un régime alimentaire inadapté, une infection ou une tendance à fouiller les ordures. Le chien vomit de façon répétée, soit des aliments, soit un fluide jaunâtre écumeux et parfois sanguinolent.

■ **Obstruction de l'œsophage**

La régurgitation sitôt les aliments pris peut venir d'un corps étranger (os, etc.). La radiographie ou l'endoscopie confirment ce cas d'urgence.

■ **Mégaœsophage**

Une défaillance neurologique de la paroi de l'œsophage entraîne un ballonnement, une rétention de nourriture, une régurgitation avant l'arrivée du bol alimentaire dans l'estomac.

■ **Obstruction en aval de l'œsophage, dans l'estomac ou l'intestin**

Elle peut résulter de la présence d'objets tels que cailloux, bouchons, etc. Les tumeurs peuvent aussi provoquer des vomissements du fait d'une obstruction. Le chien est très vite affecté, le diagnostic est en général confirmé par palpation, radiographie ou exploration chirurgicale.

■ **Invagination intestinale**

L'interpénétration de segments de l'intestin à

LES ORIGINES DES DIARRHÉES

■ **Diarrhées d'origine alimentaire**
Origines possibles : changement de régime alimentaire, fouilles dans les poubelles, une nourriture inappropriée ou un stress (notamment quand le chiot se retrouve pour la première fois chez son maître).

■ **Insuffisance du pancréas**
(voir ci-dessous)

■ **Entérite**
Inflammation de l'intestin grêle causée par infection (parvovirose...), parasitage par les vers ou empoisonnement alimentaire. Si elles durent, les diarrhées entraînent une déshydratation.

■ **Colite**
Les symptômes d'une inflammation du côlon sont variés : douleurs, défécations fréquentes, selles liquides mêlées de mucus ou de sang.

■ **Tumeurs intestinales**
Elles provoquent des vomissements mais une tumeur appelée lymphosarcome peut amener un épaississement de la muqueuse intestinale et entraîner des diarrhées.

la suite de diarrhées, chez le chiot notamment, exige une opération.

■ **Dilatation de l'estomac**
(Voir « Premiers secours », p. 135.)

Affections du pancréas

■ **Pancréatite aiguë**
Très douloureuse, elle exige une thérapie intensive et rapide car elle peut être mortelle.

■ **Insuffisance pancréatique**
La destruction des cellules du pancréas, qui produit des enzymes digestives, crée une digestion difficile, des diarrhées persistantes, une perte de poids malgré un appétit décuplé. Cette affection, fréquente chez les chiens de moins de 2 ans, touche parfois les cockers. Diagnostic par analyse des symptômes cliniques, et examen du sang et des selles.

■ **Diabète sucré**
Le pancréas a aussi pour fonction de fabriquer l'insuline, hormone de contrôle du taux de sucre dans le sang. En cas de déficit en insuline, la teneur du sucre dans le sang et les urines augmente. Le chien subit une faim et une soif accrues, une perte de poids et une torpeur. Faute de soins, il sombre dans un coma diabétique.

■ **Tumeurs du pancréas**
Elles sont relativement courantes, et souvent malignes. Leurs symptômes sont variables : vomissements, perte de poids, indices de douleurs abdominales, jaunisse aiguë. Le pronostic ne laisse guère d'espoir, la mort survenant rapidement.

TROUBLES HÉPATIQUES

■ **Hépatites aiguës**
L'hépatite virale et la leptospirose (voir « Maladies infectieuses », p. 107) sont devenues assez rares grâce aux vaccins.

■ **Insuffisance hépatique chronique**
Elle peut être due à une insuffisance cardiaque, une tumeur ou bien encore une cirrhose.

Le chien perd du poids, devient déprimé, refuse la nourriture, et vomit parfois ; il peut aussi avoir des diarrhées et une soif accrue. Le foie peut varier en volume, en augmentation ou en diminution, et l'on constate parfois une rétention de fluide dans l'abdomen. Le diagnostic s'établit par étude des symptômes, tests sanguins, radiographies ou examens par ultrasons, et parfois par biopsie du foie.

TROUBLES DERMATOLOGIQUES

Affections causant des démangeaisons

Parasites

■ **Puces**

Premières responsables des affections dermatologiques du chien, les puces donnent

LA STRUCTURE DE LA PEAU

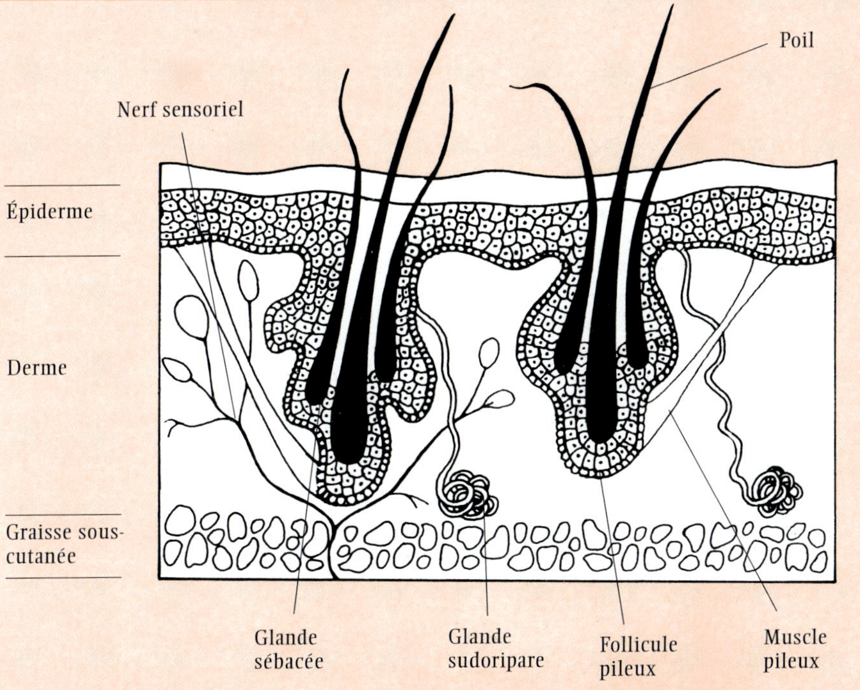

L'épiderme, couche externe de la peau, comprend des cellules mortes en permanence éliminées et remplacées par des cellules jeunes. Le derme, couche épaisse plus profonde, abrite follicules pileux, glandes sudoripares et vaisseaux sanguins. Au-dessous encore, une couche de graisse sert d'isolant.

LES PARASITES DU CHIEN

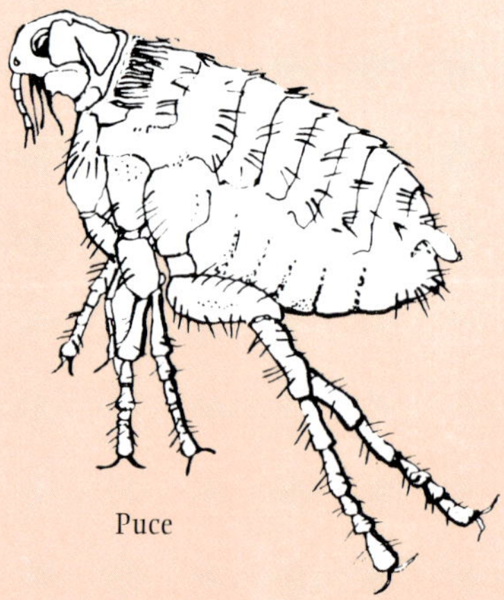

Puce

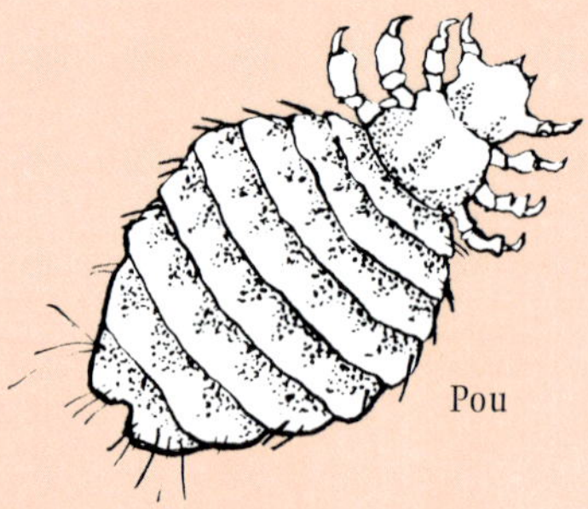

Pou

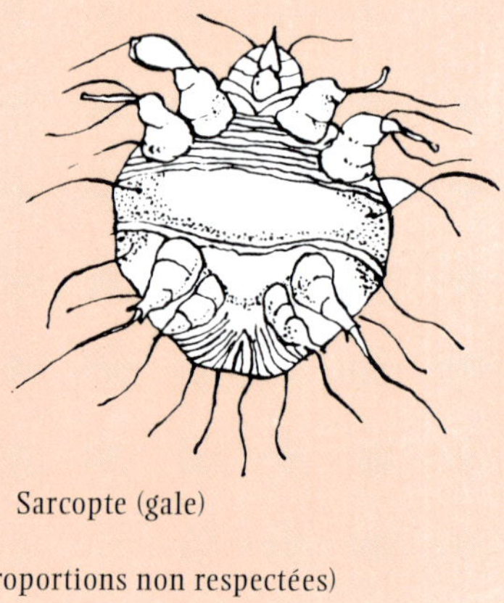

Sarcopte (gale)

(Proportions non respectées)

aussi des allergies. Ce sont des insectes de couleur foncée de 2 mm de long et à l'avance rapide. Présentes deux heures par jour sur le chien pour se nourrir, elles sautent ensuite pour s'accoupler et pondre. En trois semaines de moyenne de vie : 1 000 éclosions... Traitez le chien, la literie et les autres foyers potentiels. Votre vétérinaire vous indiquera le produit le plus approprié (spray, solution, poudre).

■ **Poux**

Petits insectes qui se déplacent par reptation dans le pelage où ils demeurent et pondent des œufs. Les poux, plus faciles à combattre que les puces, semblent beaucoup apprécier les longues oreilles des cockers. Le vétérinaire prescrira un antiparasitaire.

■ **Gale**

Elle est provoquée par un acarien (sarcopte) qui s'enfouit sous la peau et déclenche intenses démangeaisons et démodécie. Très contagieuse, elle affecte plutôt les sujets jeunes. Lotion antiparasitaire, et, parfois, antibiotiques quand il y a surinfection.

■ **Infections bactériennes**

Fréquentes chez le chien, elles reflètent une autre affection dermatologique, comme la gale ou certaines allergies. Traitement antibiotique prolongé.

■ **Pyodermite**

Elle peut donner un eczéma humide douloureux, ou, plus persistante, créer des plaies en anneaux. Ces deux formes, qui imposent un traitement, sont très courantes chez les cockers.

■ **Furonculose**

Cette infection plus grave touche elle aussi très souvent les cockers.

■ **Dermite de contact**

Rougeur et démangeaison touchant abdomen, aisselle, aine ou pied, zones mal protégées par un pelage moins fourni. Elle peut aussi venir d'une réaction allergique à une matière (laine, Nylon, tapis), un irritant, ou un désinfectant.

■ **Granulome**
Une zone épaissie et sans poils laisse apparaître la peau, en général à l'avant du poignet ou sur le côté de la cheville. Assez fréquent chez le cocker, il est dû à un léchage excessif, par ennui ou névrose.

■ **Atopie** Affection dermatologique due à l'inhalation d'éléments allergènes.

Affections ne causant pas de démangeaisons

■ **Gale démodécique**
Causée par un acarien transmis avant la naissance et courante en phase de croissance, elle provoque une dépilation non prurigineuse et est difficile à soigner.

■ **Tique**
Dès que cet acarien ressemblant à un pois gris se fixe à la peau, il faut en délivrer le chien le plus vite possible avec de l'alcool et une pince à épiler. Administrez un antiparasitaire avant une promenade à la campagne ou dans les bois.

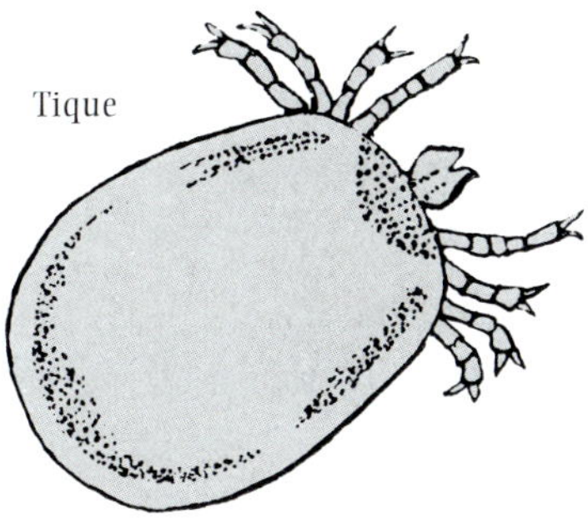
Tique

■ **Teigne**
Cette infection causée par un champignon provoque des zones de démodécie et se transmet à l'homme, surtout aux enfants. Pour la traiter, portez des gants de caoutchouc, supprimez les poils infectés et nettoyez la peau avec une solution antifongique prescrite par un praticien.

■ **Démodécie d'origine hormonale**
Perte de poils formant des zones symétriques, rare chez les cockers, sauf chez les femelles ovariectomisées, dont le pelage devient cotonneux après l'opération.

LES TUMEURS ET KYSTES

■ **Kystes sébacés**
Ils forment dans la peau des nodules indolores de forme ronde dont le diamètre varie entre 2 mm et 4 cm. Ils touchent les cockers, car leur peau secrète beaucoup de sébum.

■ **Verrues**
Elles sont courantes chez le cocker âgé. On peut les enlever ou les brûler.

■ **Adénomes anaux**
Ce type d'adénomes se déclare souvent chez les mâles d'un certain âge : une tumeur autour de l'anus donne de petits ulcères qui saignent.

AFFECTIONS DE LA RÉGION ANALE

■ **Engorgement des glandes anales**
Cette affection, très courante chez le cocker, pourrait être liée, selon certains spécialistes, à l'écourtage de la queue. Les glandes anales servent, mais peu, à la communication olfactive. Elles se vident à l'émission d'une selle, mais un engorgement provoque une démangeaison : cela se manifeste par le « signe du traîneau » (il se frotte sur le sol) ou se mord à la base de la queue. Sans intervention vétérinaire, un abcès peut se déclencher.

LA STRUCTURE DU PIED

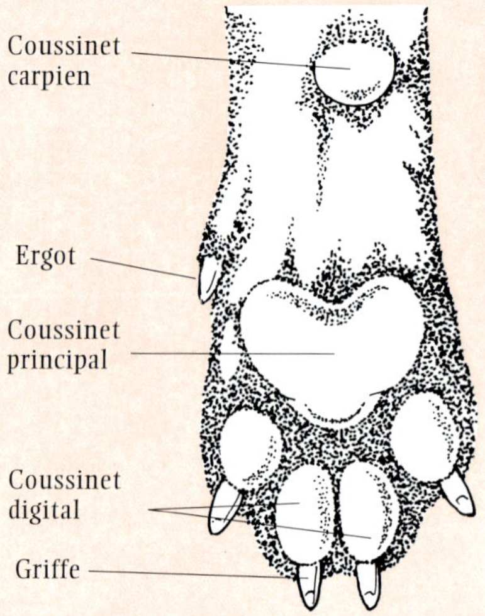

AFFECTIONS DU PIED

■ **Eczéma interdigital**
En se léchant pour une lésion mineure, le cocker peut avoir le pied très humide, ce qui favorise une infection entre les coussinets.

■ **Kystes et abcès interdigitaux**
Ils donnent des épanchements douloureux provoquant une boiterie. La cause est en général inconnue, mais peut venir de la pénétration d'une barbe de graminée dans l'espace interdigital, un incident qui se produit au cours des promenades du chien.

■ **Corps étranger dans le coussinet**
C'est le plus souvent un éclat de verre ou une épine. En général, le chien boite fortement et ressent une douleur au toucher. Souvent, on distingue le point d'entrée dans le coussinet.

■ **Infection de l'ongle**
Elle provoque un gonflement douloureux du doigt et une boiterie, et peut même entraîner une attaque de l'os et une amputation si elle n'est pas traitée.

AFFECTIONS DE L'OREILLE

Hématome

Une cloque de sang indolore, parfois large, peut apparaître dans la face interne du pavillon si le chien remue la tête à l'excès à la suite d'une infection ou d'une irritation. Ce cas, assez courant chez le cocker, nécessite une opération.

Infection de l'oreille (otite)

Le cocker y est très exposé car il a l'oreille mal ventilée du fait de rabats longs, pendants et fournis. L'otite donne un épanchement malodorant, le chien secoue la tête ou se gratte avec frénésie. Si l'oreille interne est touchée, on constate une inclinaison de la tête ou des troubles de l'équilibre.
Traitement Les gouttes auriculaires sont un antibiotique efficace, mais ne peuvent éviter

LA STRUCTURE DE L'OREILLE

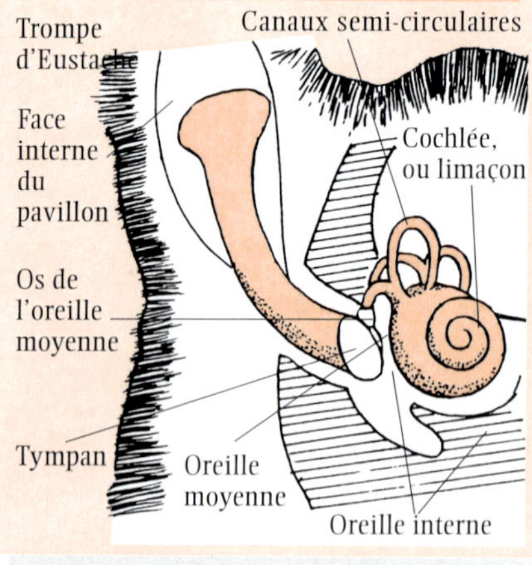

que l'incision ou la chirurgie s'imposent parfois. Consultez le vétérinaire car l'otite a plusieurs origines possibles comme des acariens ou une barbe de graminée.

TROUBLES OCULAIRES

Entropion

Cette maladie héritée frappe souvent le cocker en période de croissance. L'enroulement du bord de la paupière entraîne un frottement des cils sur la surface de l'œil et irrite le globe oculaire. Le chien garde fermé son œil douloureux et larmoyant. La chirurgie est nécessaire.

Ectropion

Héréditaire mais moins courant, c'est l'inverse de l'entropion : l'enroulement de la paupière vers l'extérieur donne un œil très rouge et douloureux. Une chirurgie s'impose.

Distichiasis

Anomalie héréditaire assez fréquente chez les cockers. Des poils excédentaires poussent sur le bord de la paupière et frottent sur la cornée, créant une importante sécrétion lacrymale (œil constamment humide). Ces poils s'ôtent temporairement par épilation, ou définitivement par chirurgie.

L'ŒIL CHEZ LE CHIEN

Les rayons lumineux traversent cornée, pupille, et convergent sur la rétine où ils sont transformés en impulsions nerveuses et transmis, via le nerf optique, dans le cortex cérébral déterminant la vision.

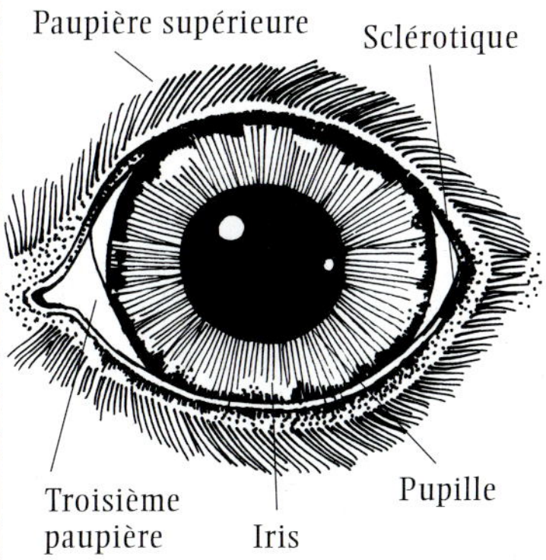

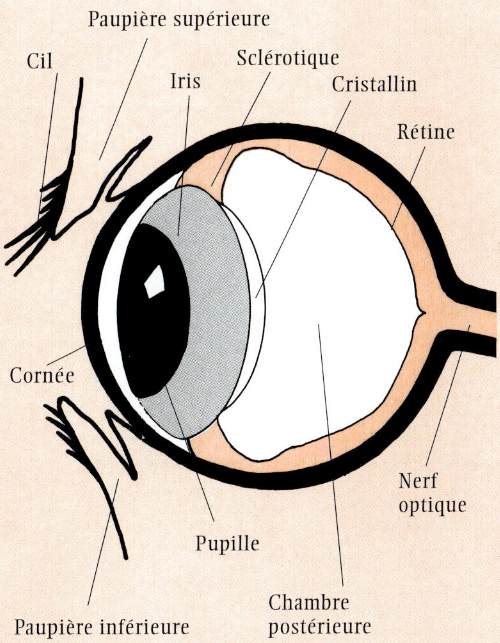

Affection de la troisième paupière

C'est une saillie de la glande de Harder, petite masse charnue située derrière la troisième paupière. Si elle saille par déplacement, l'ablation est nécessaire.

Sortie du globe oculaire

(Voir « Premiers secours », p. 134.)

Conjonctivite

Courante chez le cocker, elle se manifeste par une rougeur de l'œil et un épanchement. Les causes en sont diverses : virus, bactérie, produit chimique, allergie, traumatisme, corps étranger...

Kératite

Cette inflammation très douloureuse affecte la cornée qui peut se colorer en bleu et perdre sa brillance.

Kératoconjonctivite sèche

Affection immunologique héréditaire très fréquente chez le cocker, au niveau d'un œil, ou des deux. La sécrétion lacrymale étant insuffisante (épanchement de mucus grisâtre), la cornée se dessèche puis est envahie de vaisseaux sanguins (œil rouge), et la vue diminue. Un traitement médical peut enrayer l'affection si elle est prise à temps, mais le mal peut entraîner une douleur et surtout une forte baisse de l'acuité visuelle.

Dermoïde

C'est une petite masse située en surface sur la cornée, où poussent des poils. Cette anomalie congénitale, qui se constate à la naissance, est plus courante chez les cockers que dans d'autres races. Une ablation chirurgicale est nécessaire.

L'ATROPHIE PROGRESSIVE DE LA RÉTINE

Dégénérescence héréditaire touchant la rétine et pouvant entraîner une cécité totale. Deux types d'affection :

- Atrophie progressive généralisée : c'est celle que l'on trouve le plus souvent chez le cocker.
- Atrophie progressive centrale.

Ces deux types d'atrophie progressive se rencontrent chez le jeune adulte. Il n'existe pas de traitement, ce qui justifie d'autant plus la surveillance des parents envisagés pour les saillies.

Ulcère de la cornée

L'érosion d'une partie de la cornée peut survenir par blessure ou kératite. Le chien souffre et a du mal à ouvrir un œil très larmoyant.

Pannus

Il s'agit d'une inflammation de la cornée d'origine immunologique, qui touche parfois les cockers âgés.

Glaucome

Dû à une augmentation de la pression intra-oculaire sur le corps vitré. À mesure qu'augmente cette pression, une inflammation se déclare, avec œil douloureux et importante sécrétion lacrymale. Le glaucome primaire est un défaut héréditaire chez certaines races tandis que le glaucome secondaire est la conséquence d'une autre affection.

Persistance de la membrane oculaire

Héréditaire chez le cocker : la présence d'une membrane sur l'iris diminue la vision.

Cataracte

C'est une opacité du cristallin. La pupille présente un aspect grisâtre et non plus foncé. Quand l'affection a beaucoup évolué, le cristallin ressemble à une perle et la cécité survient. La cataracte a des causes diverses : infection, diabète sucré, traumatisme.

SYSTÈME URINAIRE (MÂLE)

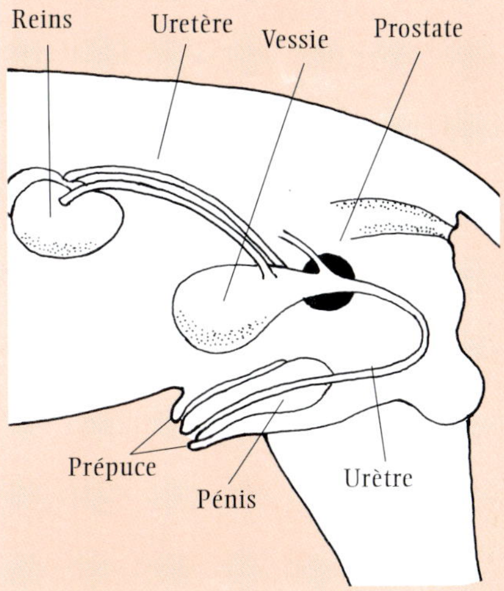

TROUBLES URINAIRES

Affections provoquant une soif accrue

■ **Insuffisance rénale aiguë**
L'origine infectieuse la plus courante de cette néphrite aiguë est la leptospirose (voir « Maladies infectieuses », p. 107).

■ **Insuffisance rénale chronique**
Très fréquente chez le chien âgé, elle est due à l'accumulation dans le sang de substances toxiques ne pouvant être évacuées par des reins endommagés.

■ **Néphropathie familiale**
Cette défaillance précoce des reins, héréditaire et fréquente, est sans traitement.

Affections entraînant du sang dans l'urine (hématurie)

■ **Cystite**
Cette infection urinaire affecte plutôt les femelles dont l'urètre plus court favorise une inflammation de la vessie.
Les signes cliniques sont :
– Des mictions plus fréquentes.
– Des difficultés d'émission.
– Parfois, du sang dans les urines.

■ **Calculs**
Ils se forment dans les reins ou la vessie.

■ **Calculs rénaux**
Les cristaux pénétrant dans l'uretère provoquent des douleurs très aiguës.

■ **Calculs dans la vessie**
Ils sont assez fréquents chez les chiens des deux sexes, et constituent un cas d'urgence. Chez la femelle ils sont plus gros, et la cystite est le premier symptôme. Chez le mâle, le signe habituel est un effort sans effet à la miction, du fait d'une obstruction.

■ **Tumeurs de la vessie**
Elles entraînent des mictions difficiles et une hématurie, ou une incontinence due à une diminution de la capacité de la vessie.

SYSTÈME URINAIRE (FEMELLE)

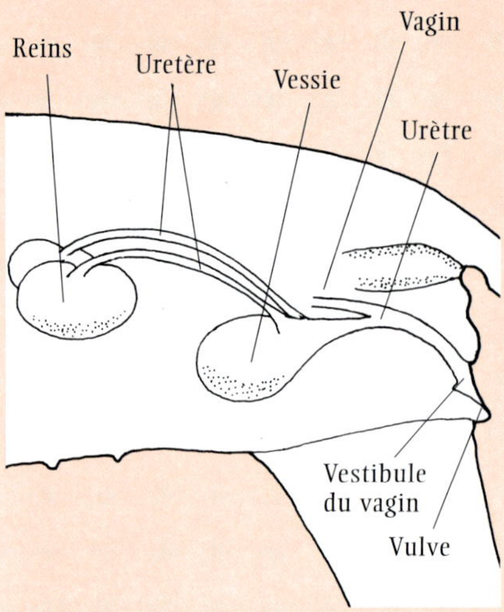

Incontinence

Sans raison apparente, surtout chez la femelle âgée. L'administration d'hormones ou d'un médicament favorisant le resserrement du sphincter peut être utile.

AFFECTIONS DE L'APPAREIL GÉNITAL

Chez le mâle

■ **Cryptorchidie**
Il peut arriver qu'un testicule au moins ne soit pas correctement descendu dans le scrotum. L'intervention chirurgicale est conseillée pour dégager les testicules ; à défaut, un cancer peut se manifester.

■ **Tumeurs**
Elles sont assez fréquentes, mais fort heureusement bénignes dans la plupart des cas. Une tumeur particulière du testicule, appelée tumeur cellulaire de Sertoli, provoque l'apparition de caractéristiques femelles par production d'hormones.

■ **Troubles de la prostate**
Fréquents chez le cocker âgé, ils sont en général causés par un élargissement bénin à l'endroit où la prostate augmente lentement de taille. La castration ou un traitement hormonal peuvent être utiles.

■ **Infection du pénis et du fourreau (balanite)**
Des écoulements jaunâtres sourdent du fourreau, le chien se lèche fréquemment le pénis.

■ **Paraphimosis,** ou étranglement du pénis (voir « Premiers secours, p. 136).

■ **Castration**
Elle s'avère utile dans le traitement de certains troubles du comportement. Elle permet de supprimer les signes d'hyperactivité sexuelle (sur les coussins ou les autres chiens), le marquage de territoire, certaines attitudes agressives ainsi que les envies de fugue.

Chez la femelle

■ **Pyomètre**
Cette affection sérieuse entraînant la suppuration de l'utérus est courante chez la femelle âgée, mais touche surtout les femelles n'ayant jamais eu de chiots. Le traitement consiste en général en une ovario-hystérectomie.

■ **Mastite**
C'est une infection des glandes mammaires qui affecte en général les femelles en période de lactation. Les glandes deviennent gonflées, dures et douloureuses.

L'APPAREIL GÉNITAL

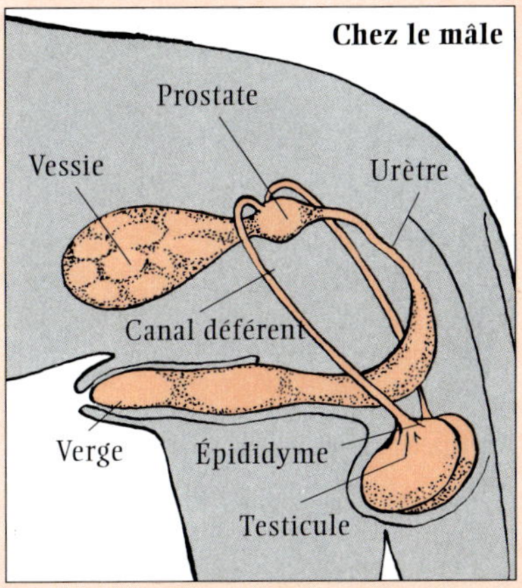

Les testicules élaborent la testostérone et les spermatozoïdes ; ces derniers migrent dans l'épididyme d'où ils sortiront avec le liquide séminal par le canal déférent lors de l'accouplement.

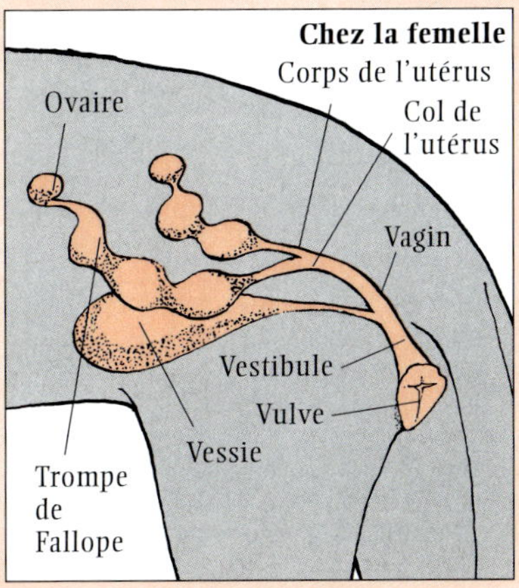

Produits dans les ovaires, les ovules passent dans l'utérus par la trompe de Fallope. En période de chasses, ils peuvent être fécondés par le sperme du mâle.

■ **Tumeurs mammaires**
Fréquentes chez les femelles âgées non stérilisées, bénignes ou malignes (qui grossissent et se propagent aux organes). Quelle que soit leur nature, une ablation chirurgicale précoce est indispensable.

■ **Gestation nerveuse**
Quand une femelle a fait une pseudo-gestation, elle récidive en général après chaque période de chasses.

RÉGULATION DES NAISSANCES

■ **Thérapie hormonale**
Plusieurs médicaments (injections ou comprimés) permettent d'empêcher ou de différer la période de chaleurs.

LA GESTATION NERVEUSE

Elle apparaît le plus souvent huit à douze semaines après l'œstrus, période où la chienne serait en phase d'allaitement si la gestation était réelle. Les signes en sont variés :

- Manque d'appétit.
- État d'apathie.
- Production de lait.
- Organisation d'une litière.
- Report d'affection sur un substitut.

Note : Quand une femelle a fait une pseudo-gestation, elle peut en déclarer une nouvelle après chaque période de chasses. Consultez un vétérinaire dès les premiers signes.

Traitement Administration d'hormones qui peuvent aussi prévenir le problème (injection ou comprimés) ou bien, ovariectomie.

■ **Ovariectomie**

Cette opération d'ablation des ovaires se pratique en général hors période de chaleurs. Elle représente une bonne solution à long terme si une femelle ne doit pas être saillie à l'avenir.

TROUBLES DU SYSTÈME NERVEUX

Il y a deux parties dans le système nerveux :

1 **Le système nerveux central :** le cerveau, et la moelle épinière qui s'étire le long de la colonne vertébrale du chien.

2 **Le système nerveux périphérique :** tous les nerfs qui se raccordent au système nerveux central.

■ **Maladie de Carré**

(Voir « Maladies infectieuses », p. 107.)

■ **Syndrome vestibulaire**

Il touche fréquemment le chien âgé et affecte la partie du cerveau où siège le sens de l'équilibre. Il se manifeste par une chute soudaine de la tête vers le côté affecté, des clignements fréquents des yeux (nystagmus), et parfois un affalement ou un circuit en rond. La plupart des sujets atteints guérissent lentement, mais une rechute est toujours possible.

■ **Empoisonnement au métaldéhyde ou « tue-limaces »**

Le chien donne l'impression d'être ivre, il présente des mouvements mal coordonnés, et parfois des convulsions. Il n'y a pas de traitement spécifique, mais un sédatif peut permettre une guérison.

■ **Épilepsie**

Elle se manifeste par un accès de convulsions soudaines qui dure deux minutes environ. Le chien s'en remet rapidement, mais peut rester abattu et ahuri pendant plusieurs heures. Traitement nécessaire, en général efficace.

TROUBLES D'ORDRE OSSEUX, MUSCULAIRE ET ARTICULAIRE

Une radiographie s'impose pour confirmer un diagnostic sur un os.

■ **Infection osseuse (ostéomyélite)**

À la suite d'une blessure (morsure) ou au point de saillie sous la peau d'un os fracturé. Symptômes : douleur, élévation de température, gonflement, forte boiterie (dans le cas d'un membre atteint).

■ **Fractures**

Le vétérinaire remet en place les zones fracturées (ou fêlées), puis les immobilise quatre à six semaines, par une méthode

LES TYPES DE FRACTURES

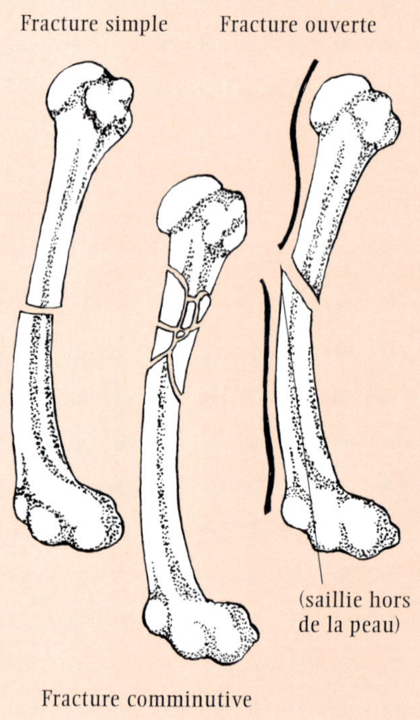

LE SQUELETTE DU CHIEN

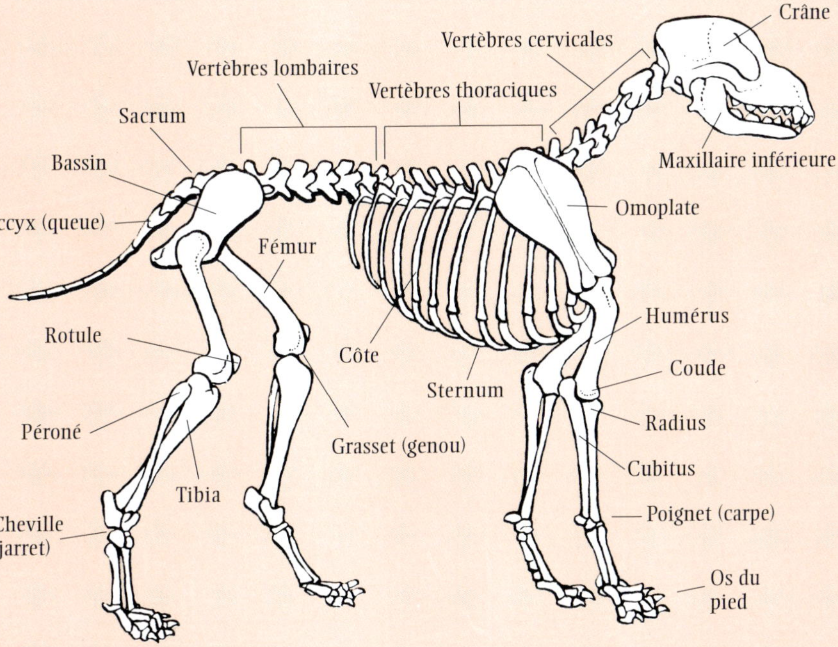

Le squelette constitue l'ossature du corps, et tous les ligaments, muscles et tendons du chien s'attachent à ces 319 os. L'ossification est le processus par lequel le cartilage, provisoire, est calcifié et se transforme en os. Tissu vivant, l'os est sujet à des détresses. Pour se forger puis conserver une ossature saine, le cocker a besoin d'un régime alimentaire équilibré lui apportant la dose appropriée de calcium, de vitamine D et de phosphore.

différente selon l'os touché et le type de fracture :
– Réduction simple avec immobilisation.
– Ostéosynthèse (éléments internes : broches, vis, plaque, posés sous intervention chirurgicale).

■ **Tumeurs osseuses**
Non courantes chez les cockers.

■ **Entorse**
Inflammation d'une articulation étirée à l'excès qui devient gonflée, douloureuse et chaude, entraînant une boiterie. Allongez le chien et appliquez une compresse d'eau froide sur la zone touchée.

■ **Rupture des ligaments croisés**
Provoquée par une entorse prononcée, elle

déstabilise l'articulation du genou (forte boiterie). Elle frappe fréquemment les cockers d'âge moyen présentant un excès de poids. La chirurgie s'impose en général.

■ **Dysplasie de la hanche**
Cette déformation d'au moins une articulation de la hanche se rencontre parfois chez les cockers. Il n'est pas possible de la détecter avant que le chien ne soit un jeune adulte. Les signes les plus courants en sont une raideur au lever, une démarche de lapin, ou une boiterie. Les chiens atteints de dysplasie sont impropres à la reproduction.

■ **Arthrose**
Maladie dégénérative, l'arthrose provoque un grossissement de la capsule articulaire, une formation osseuse anormale autour de l'articulation et, parfois, une usure du cartilage. L'articulation grossit et devient douloureuse, ce qui limite la liberté de mouvements. L'arthrose frappe le plus souvent les chiens âgés et touche surtout la hanche, le grasset et le coude.

■ **Spondylite**
Arthrose localisée de la colonne vertébrale, rare chez les cockers.

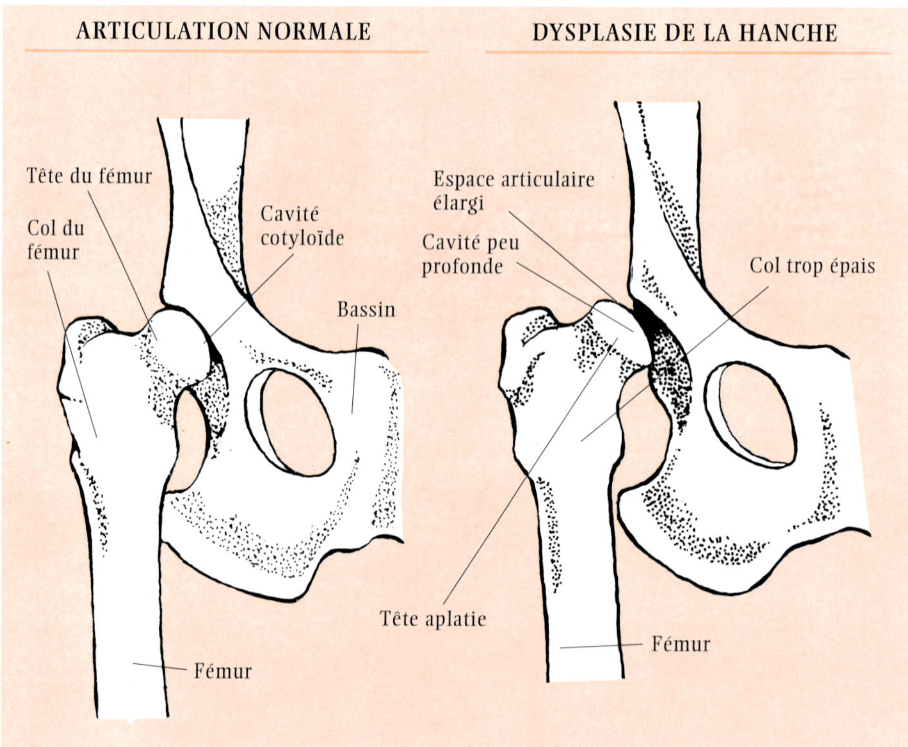

CHAPITRE 12

PREMIERS SECOURS, ACCIDENTS ET URGENCES

Les premiers secours sont les soins d'urgence à donner à un chien blessé ou malade.

OBJECTIFS DES PREMIERS SECOURS

1 Maintenir le chien en vie.
2 Éviter au chien une souffrance inutile.
3 Empêcher l'aggravation de l'affection.

RÈGLES À OBSERVER

1

Gardez votre sang-froid. Votre intervention sera inefficace si vous cédez à la panique.

2

Appelez d'urgence un vétérinaire. Ses conseils peuvent sauver la vie du chien.

3

Évitez de vous blesser vous-même. Un animal en état de détresse risque en effet de vous mordre. Pour vous protéger, muselez le chien (voir p. 136).

4

Maîtrisez les hémorragies. Une perte excessive de sang peut entraîner un choc grave et même la mort (voir « Hémorragie », p. 129).

5

Maintenez à tout prix la respiration. Si l'apport en oxygène est interrompu, le chien risque des lésions cérébrales ou même la mort dans les cinq minutes (voir p. 127).

ACCIDENTS ET CAS D'URGENCE COURANTS

Les accidents et cas d'urgence présentés ci-après exigent tous que vous pratiquiez les premiers secours. Vos objectifs seront de maintenir le chien en vie et de lui offrir un confort maximal en attendant l'intervention d'un vétérinaire. Vous pourrez ainsi éviter, dans la plupart des cas, la dégradation de son état de santé.

CHOC ET ACCIDENTS DE LA ROUTE

CHOC

Le choc, syndrome clinique grave et parfois mortel, a diverses origines : accident de la route, brûlure, électrocution, températures extrêmes, hémorragie, réaction allergique (piqûre ou morsure d'animal, médicament).

SIGNES D'UN CHOC

- Faiblesse ou prostration.
- Pâleur des gencives.
- Froideur des extrémités.
- Faible pouls, rythme cardiaque rapide.
- Respiration rapide et peu profonde.

ACTION RECOMMANDÉE

1

Au besoin faites un massage cardiaque (p. 128) et/ou la respiration artificielle (p. 127), vérifiez que les voies aériennes sont dégagées.

2

Le chien au chaud, maîtrisez les hémorragies externes (p. 129).

3

Un vétérinaire doit intervenir ensuite.

ACCIDENTS DE LA ROUTE

La collision entre un chien et un véhicule peut avoir des conséquences graves :

- La mort de l'animal.
- Des blessures à la tête.
- Des lésions vertébrales.
- Une hémorragie, des meurtrissures internes, ou l'éclatement d'un organe essentiel : foie, rate, rein...
- Des fractures des côtes ou une lésion pulmonaire entraînant un hémothorax ou un pneumothorax (présence de sang ou d'air dans la cavité pleurale).
- Des fractures des membres, avec ou sans lésions nerveuses.
- Une hémorragie externe, des déchirures ou hématomes.

ACTION RECOMMANDÉE

1

Évaluez la situation, placez le chien hors de danger. Transportez-le dans une couverture, maintenez-le à plat.

2

Recherchez les signes de vie : battements du cœur (voir « Massage cardiaque », p. 128), mouvements respiratoires.

3

S'il respire, agissez comme pour un choc. S'il ne respire pas mais que le cœur bat, vérifiez que les voies respiratoires sont dégagées, faites une respiration artificielle ; au besoin muselez l'animal (p. 136).

4

Maîtrisez toute hémorragie externe (voir p. 129).

5

Maintenez en permanence le chien au chaud et à plat, et faites appel à un vétérinaire.

OBSTRUCTION DES VOIES RESPIRATOIRES

■ **CORPS ÉTRANGER DANS LA GORGE** (morceau de jouet).

ACTION RECOMMANDÉE

1

Agissez de toute urgence. Ne tentez pas d'extraire l'objet d'un coup : faites-le progresser peu à peu vers le haut et l'avant pour que, cessant d'obstruer le larynx, il arrive dans la gueule.

2

Quand le chien est en mesure de respirer, sortez l'objet de la gueule.

■ **À LA SUITE D'UN ACCIDENT DE LA ROUTE,** de convulsions, d'obstruction due à la présence de sang, de salive ou de vomissures.

ACTION RECOMMANDÉE

1

Tirez vers l'avant la langue du chien, dégagez avec les doigts tous les éléments obstruants.

2

Couchez le chien sur le côté, tendez sa tête et son cou vers l'avant pour dégager les voies respiratoires.

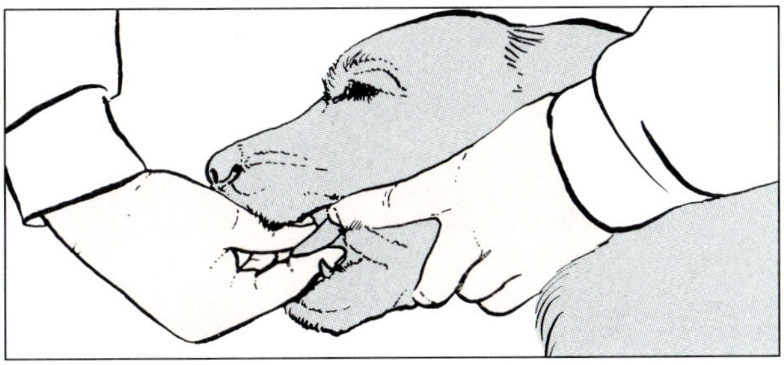

NOYADE

ACTION RECOMMANDÉE

1

Une fois le chien hors de l'eau, ôtez le collier, placez l'animal sur le côté, la tête plus bas que le corps.

2

Appuyez fermement sur la poitrine vers le ventre, toutes les cinq secondes.

RESPIRATION ARTIFICIELLE

Cette technique s'utilise quand le chien ne parvient pas à respirer alors qu'il a les voies respiratoires dégagées.

ACTION RECOMMANDÉE

Placez vos mains en coupe sur le museau et la gueule du chien et soufflez-lui dans les narines toutes les cinq secondes pour le ranimer.

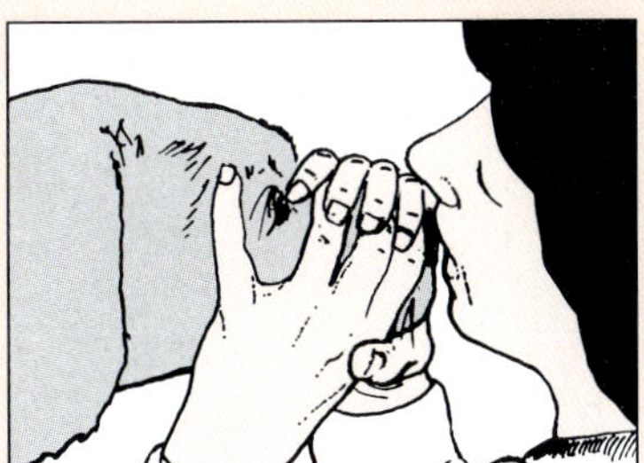

MASSAGE CARDIAQUE

Il est nécessaire en cas de défaillance du cœur.

ACTION RECOMMANDÉE

1

Allongez le chien sur le côté droit. Vérifiez que son cœur bat en palpant la paroi thoracique derrière le coude de l'animal, sur la gauche.

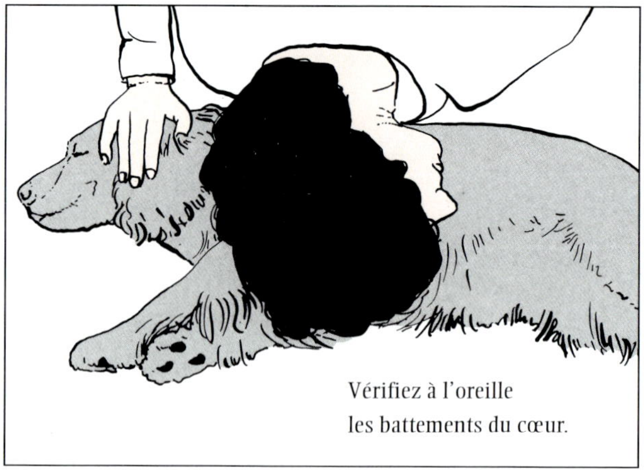

Vérifiez à l'oreille les battements du cœur.

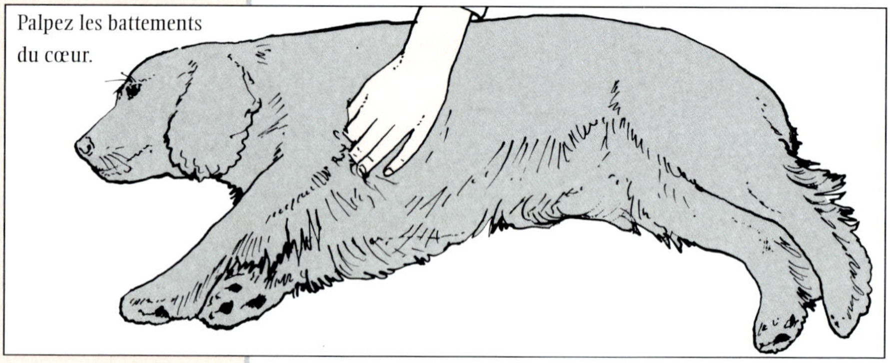

Palpez les battements du cœur.

2

Si vous ne sentez pas les battements du cœur, stimulez celui-ci avec les paumes en plaçant une main au-dessus de l'autre (voir schéma), et en exerçant de fermes pressions toutes les deux secondes.

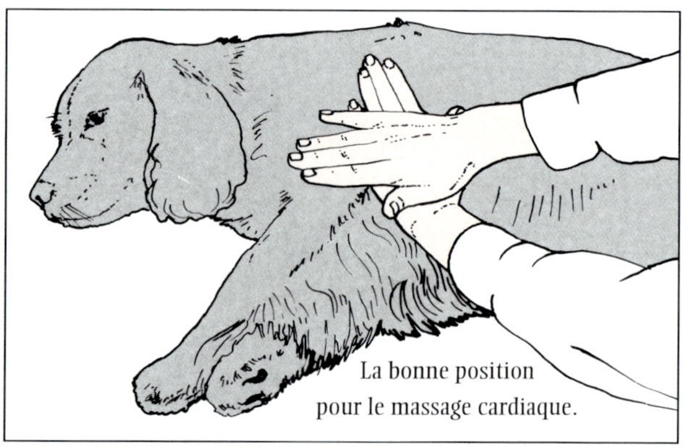

La bonne position pour le massage cardiaque.

HÉMORRAGIE

Une hémorragie sérieuse doit absolument être maîtrisée pour éviter une chute brutale de tension entraînant un choc. Elle résulte souvent d'une large blessure externe ou de lésions internes, à la suite d'un accident.

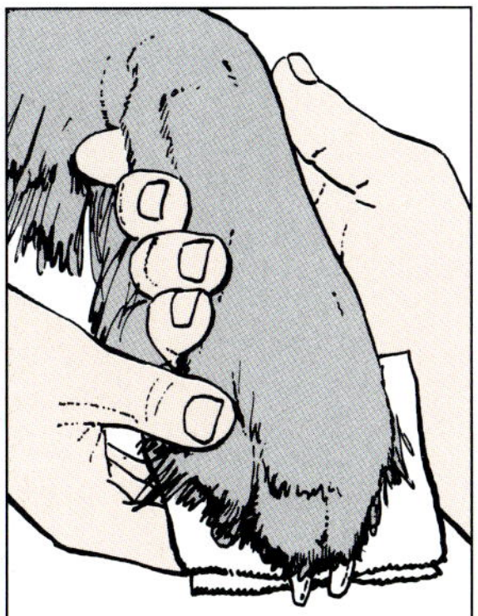

1 Bandage de compression.

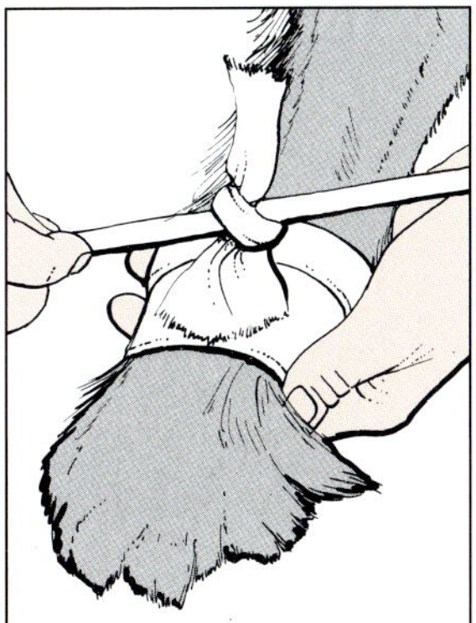

Garrot.

■ **BLESSURES EXTERNES**

ACTION RECOMMANDÉE

Localisez le saignement, et exercez une pression avec :

■ **Le pouce.**

■ **Un bandage de contention** (la meilleure solution).

■ **Un garrot.**

1 **Le bandage de contention.**
Recouvrez la blessure avec un tampon de gaze, de ouate ou un linge que vous maintiendrez fermement avec un bandage. À défaut, utilisez un mouchoir propre ou une écharpe.

2 Si l'écoulement de sang persiste, appliquez un autre pansement sur le premier.

1 **Le garrot** (pour les membres et la queue). Nouez une bande étroite de tissu autour du membre touché, entre la blessure et le cœur.

2 Passez dans le nœud un crayon, tournez et reserrez le garrot jusqu'à l'arrêt du flux de sang.

3 **Important** : vous devez appeler un praticien le plus tôt possible.

Note : un garrot ne doit jamais rester en place plus de 15 minutes sous peine de provoquer une nécrose.

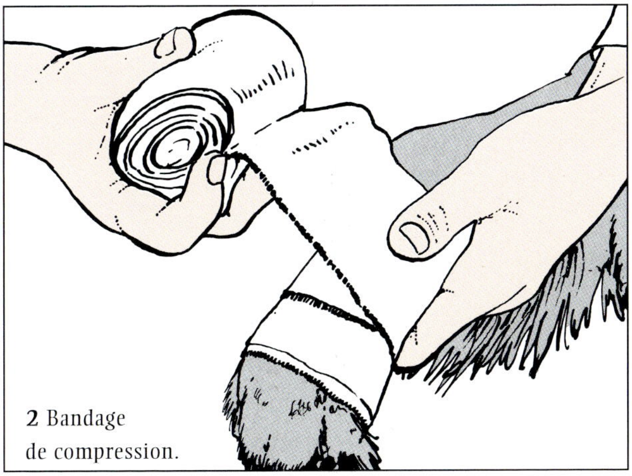

2 Bandage de compression.

■ **HÉMORRAGIE INTERNE**

ACTION RECOMMANDÉE

1 Maintenez le chien au chaud et au calme, limitez l'amplitude de ses mouvements.

2 **Important** : faites-vous rapidement aider d'un vétérinaire.

BLESSURES

Dues à des accidents, combats, cailloux, tessons, etc., elles peuvent causer des hémorragies et des lésions des os et des nerfs.

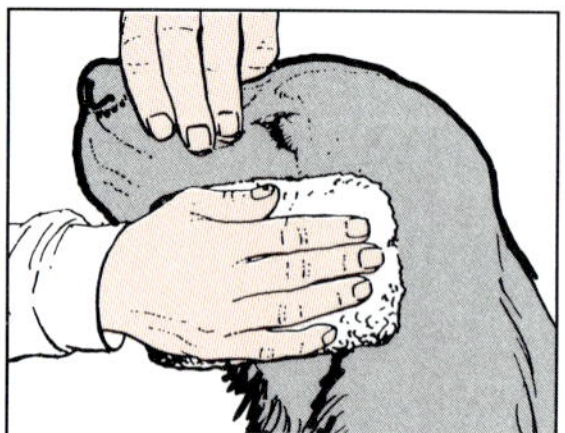
1 Baignez la blessure.

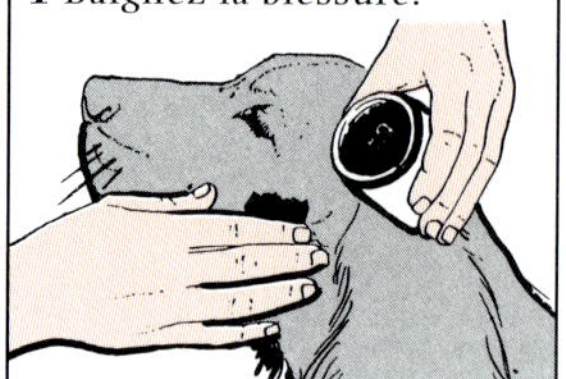
2 Désinfectez la blessure.

ACTION RECOMMANDÉE

1

Traitez les saignements externes (voir « Hémorragie », p. 129) et maintenez le chien au chaud en attendant un praticien.

2

Bandez les coupures aux pattes et aux coussinets pour arrêter le sang.

3

Les contusions, coupures et frottements sans gravité doivent être baignés avec de l'eau tiède salée (1 cuil. à café de sel pour 500 ml d'eau), puis protégées pour éviter une aggravation ou une contamination. Appliquez au besoin une crème antiseptique.

4

En cas de doute, demandez à un praticien si la blessure exige des sutures ou un traitement antibiotique. Même mineure, une blessure peut se compliquer si un corps étranger est présent.

FRACTURES

Les fractures des membres résultent souvent d'accidents de la route. Manipulez le chien blessé avec une extrême douceur.

■ **FRACTURES DES JAMBES**

ACTION RECOMMANDÉE

1 Fracture sur la moitié basse d'un membre : redressez doucement le membre, pansez-le, fixez le bandage avec de l'adhésif ou une ficelle et faites une attelle avec un morceau de bois ou un journal roulé.

2 Si le cas est plus grave, tenez le chien immobile et emmenez-le chez le vétérinaire.

■ **AUTRES FRACTURES**

Elles sont plus difficiles à diagnostiquer. Si vous soupçonnez la présence d'une fracture, emmenez le chien chez un praticien en le manipulant avec douceur.

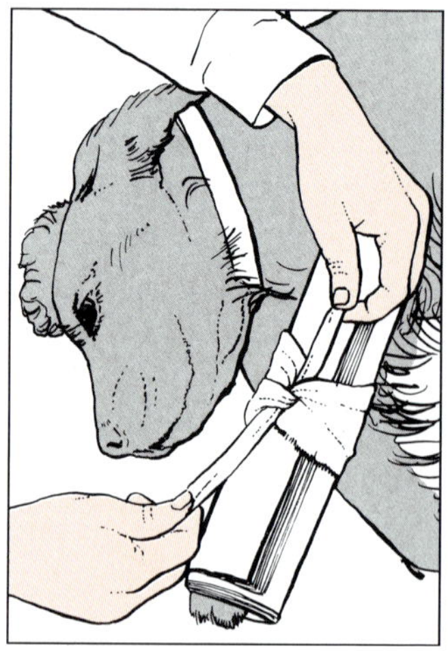

AUTRES ACCIDENTS ET URGENCES

COLLAPSUS

Il peut quelquefois s'accompagner d'une perte de conscience.

ORIGINES POSSIBLES

- Traumatisme crânien (accident de la route*).
- Arrêt cardiaque*.
- Attaque.
- Hyperthermie (chaud)*.
- Hypothermie (froid).
- Hypocalcémie (taux trop bas de calcium dans le sang).
- Choc*.
- Fractures de la colonne vertébrale*.
- Asphyxie (source de problèmes respiratoires).
- Électrocution*.
- Empoisonnement*.

* : reportez-vous à l'index pour avoir plus de détails sur ces points.

ACTION RECOMMANDÉE

1 Manipulez un animal atteint de collapsus avec précaution.

2 Allongez-le et glissez sous son corps une couverture ou un manteau.

3 Vérifiez qu'il respire, maintenez-le au calme et au chaud jusqu'à l'arrivée d'un praticien.

4 S'il ne respire pas, pratiquez une respiration artificielle après vous être assuré que les voies respiratoires sont dégagées (voir p. 127).

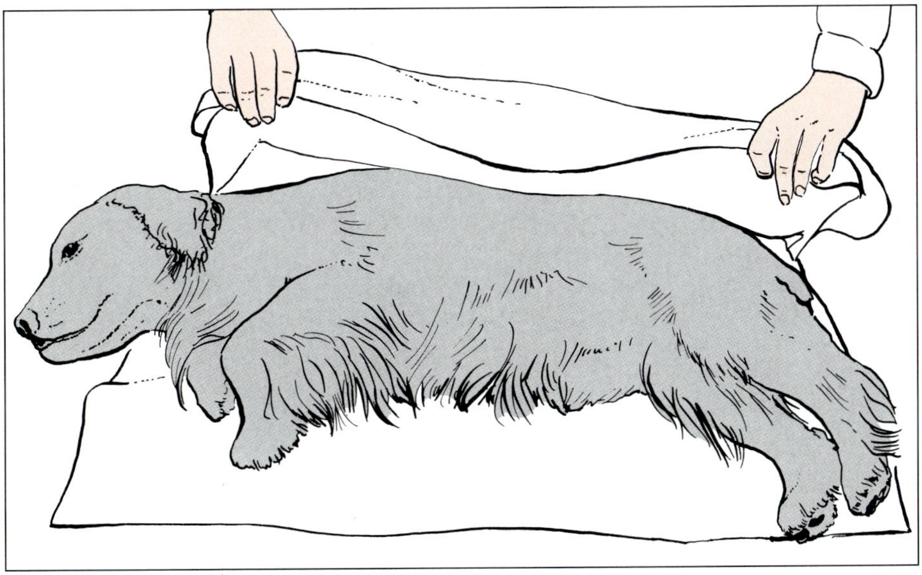

CONVULSIONS (ATTAQUES)

Le chien a des spasmes incontrôlés et perd conscience. On constate parfois une salivation accrue et une émission involontaire d'urines ou de selles. La crise, très impressionnante, ne dure que quelques minutes en général, mais laisse le chien en état de confusion et d'hébétude.

ORIGINES POSSIBLES

- Empoisonnement.
- Blessures à la tête.
- Tumeurs au cerveau.
- Troubles hépatiques ou rénaux.
- Méningite.
- Épilepsie.
- Faible teneur en glucose ou en calcium dans le sang.

ACTION RECOMMANDÉE

1 Ne maintenez le chien que s'il est en situation de danger, mais empêchez-le de se blesser lui-même pendant la crise.

2 Ne lui donnez rien à ingérer.

3 En attendant le vétérinaire, gardez-le au chaud et au calme.

4 Si vous devez déplacer le chien, recouvrez-le d'abord d'une couverture.

CRISE CARDIAQUE

Elle est plus rare que chez les humains. Le chien est pris de malaise, en général lors d'une promenade, et perd conscience. Les muqueuses sont pâles ou légèrement bleutées.

ACTION RECOMMANDÉE

1 Recouvrez le chien d'une couverture et installez-le sur le côté.

2 Massez la poitrine (voir « Massage cardiaque », p. 128).

3 Quand il s'anime de nouveau, conduisez-le sans tarder chez un praticien.

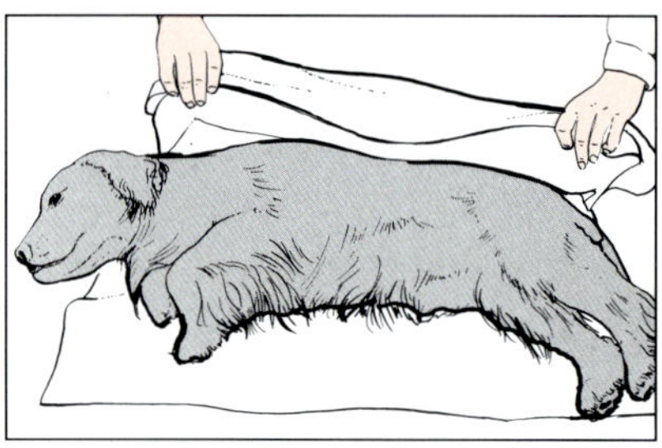

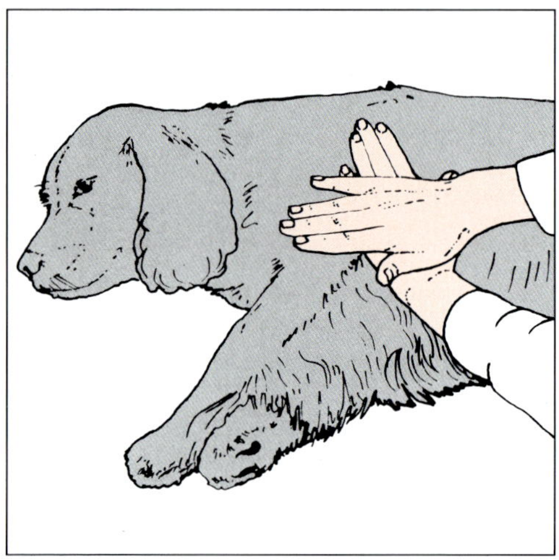

1 Le chien doit être allongé sur le flanc et enveloppé dans une couverture.
2 Faites un massage cardiaque en appuyant fermement toutes les deux secondes.

COUP DE CHALEUR

Il intervient par temps très chaud, notamment quand un chien est resté au soleil dans une voiture aux fenêtres fermées. Le chien est en très grande détresse, halète et peut même faire un collapsus et mourir rapidement.

Le coup de chaleur constitue une urgence absolue.

ACTION RECOMMANDÉE

1 Baignez ou arrosez le chien d'eau froide jusqu'à ce que sa température soit redevenue normale.

2 Donnez-lui à boire de l'eau salée (1 cuil. à café de sel /500 ml d'eau).

3 Appliquez le traitement contre les chocs (voir p. 126).

ÉLECTROCUTION

Elle touche un chiot qui a mordillé un fil ou un câble électriques et peut entraîner la mort ou un choc se déclarant plus tard.

■ **NE TOUCHEZ EN AUCUN CAS L'ANIMAL AVANT D'AVOIR COUPÉ LE COURANT.**

ACTION RECOMMANDÉE

1 Si le chien ne respire pas, maintenez-le au chaud et pratiquez une respiration artificielle (voir p. 127).

2 Contactez le vétérinaire ; s'il survit, le chien recevra le traitement contre les chocs (voir p. 126).

BRÛLURES DIVERSES

ORIGINES POSSIBLES

■ Projection d'eau, de boissons ou d'huile chaudes.

■ Frottement d'ordre chimique ou électrique.

ACTION RECOMMANDÉE

1 Appliquez immédiatement de l'eau froide courante, puis des compresses froides et des glaçons sur la région touchée.

2 Contactez rapidement un praticien.

MORSURE (SERPENT)

Celle de vipère provoque des gonflements douloureux aux points de morsure (membres, tête et cou). Il peut s'ensuivre tremblements, collapsus, choc, et même la mort après détresse cardio-respiratoire si morsure sur la langue.

ACTION RECOMMANDÉE

1 Portez le chien jusqu'à la voiture.

2 Maintenez-le au chaud, et emmenez-le chez un vétérinaire.

CORPS ÉTRANGERS

■ **DANS LA GUEULE**
Si un objet est coincé entre les dents, le chien se frotte de la patte et salive.

ACTION RECOMMANDÉE

Dégagez le corps étranger avec les doigts ou une pince à épiler, en bloquant les mâchoires avec un cube de bois pour éviter une morsure. Certains objets ne pourront être extraits que sous anesthésie générale.
Note : un jouet ou un os coincé dans la gorge est un cas d'urgence absolue. Consultez la page 127.

■ **HAMEÇONS**
Ne tentez jamais de les extraire en tirant.

ACTION RECOMMANDÉE

Coupez le bout de l'hameçon avec une pince, puis poussez le reste vers l'extérieur à travers la peau.

■ **DANS L'OREILLE**
Les barbes de graminées sont très gênantes pour les cockers, qui ont de longues oreilles et un poil fourni. Si une barbe pénètre dans l'oreille, elle provoque une détresse soudaine. Le chien secoue alors violemment la tête.

ACTION RECOMMANDÉE

Si vous apercevez la barbe, tirez doucement mais fermement avec une pince à épiler, et vérifiez que tout est bien extrait. Si vous n'y arrivez pas, appelez rapidement le vétérinaire.

■ **DANS LE PIED**
En se fichant dans la peau ou un coussinet, les tessons, épines et échardes peuvent entraîner une infection.

ACTION RECOMMANDÉE

Baignez la patte dans de l'eau tiède salée puis extrayez l'objet avec une pince à épiler stérilisée. Si vous n'y parvenez pas, emmenez le chien chez le vétérinaire qui ôtera l'objet, sous anesthésie locale ou générale si cela est nécessaire.

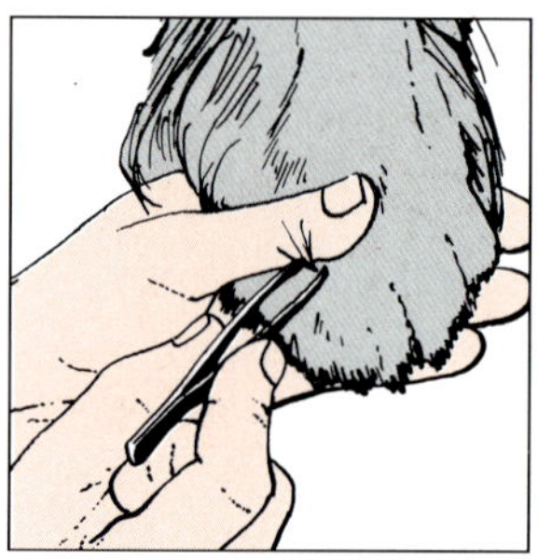

SAIGNEMENTS (NEZ)

Ils ont plusieurs origines : traumatisme ou éternuement trop violent, mais aussi ulcération de la paroi de la cavité nasale.

ACTION RECOMMANDÉE

1. Appliquez des glaçons sur le nez du chien.
2. Si c'est sans effet, contactez le vétérinaire.

SORTIE DU GLOBE OCULAIRE

Peu courante chez le cocker, elle peut être provoquée par un traumatisme, par exemple, après un combat avec un autre chien. Le globe sort de l'orbite et l'animal perd la vue dans les quinze minutes.

ACTION RECOMMANDÉE

1. Il y a urgence. Maintenez les paupières ouvertes et replacez doucement le globe dans l'orbite avec de la gaze humide et stérile.
2. Si vous n'y parvenez pas, couvrez l'œil de gaze humide stérile et emmenez le chien chez le vétérinaire.

DILATATION-TORSION DE L'ESTOMAC

Cette urgence ne peut être traitée sur place. L'estomac se distend sous l'accumulation de gaz et d'écume difficiles à éliminer. Parfois, la rotation tord complètement l'estomac, emprisonnant les gaz, et l'estomac envahit rapidement l'abdomen. Cela entraîne des douleurs, une détresse respiratoire et une insuffisance circulatoire, puis un choc parfois mortel. Ce syndrome grave est rare chez le cocker.

ACTION PRÉVENTIVE

1. Évitez au chien tout exercice physique dans les deux heures qui suivent chaque repas.
2. Si votre chien commence à présenter un ballonnement et des difficultés respiratoires, il ne survivra que si un vétérinaire intervient dans la demi-heure suivant l'apparition des symptômes.

EMPOISONNEMENT

L'empoisonnement peut avoir plusieurs origines : pesticides, herbicides, plantes, peintures, antigel, ou consommation excessive de médicaments.

- Si vous soupçonnez un empoisonnement, déterminez s'il s'agit d'un produit corrosif ou non. Cette indication peut se déduire par le comportement du chien : bave aux babines, aux gencives et à la langue, et salivation accrue.

ACTION RECOMMANDÉE

- **POISONS CORROSIFS**

1. Rincez la bouche du chien.
2. Donnez-lui du lait et du pain pour protéger l'appareil digestif.
3. Contactez vite un vétérinaire.

- **AUTRES POISONS**

1. Si le chien est conscient, faites-le vomir rapidement.
2. Vous pouvez administrer doucement par la bouche du bicarbonate de soude ou de l'eau fortement salée.
3. Peut-être existe-t-il un antidote spécifique au poison en question : prélevez un peu de vomi pour faciliter l'identification du poison, ou emportez le conditionnement chez le vétérinaire.

PIQÛRES

Les abeilles et guêpes piquent plutôt la tête, les membres antérieurs ou la bouche. Le chien ressent une douleur soudaine, se frotte ou se lèche. Un gonflement apparaît, avec des signes de malaise ou de léthargie. Les piqûres dans la bouche sont très dangereuses.

ACTION RECOMMANDÉE

1. Retirez le dard avec précaution.
2. Puis baignez la zone touchée avec :

- Du vinaigre (guêpes).
- Du bicarbonate (abeilles).

3. Injectez un anti-histaminique.

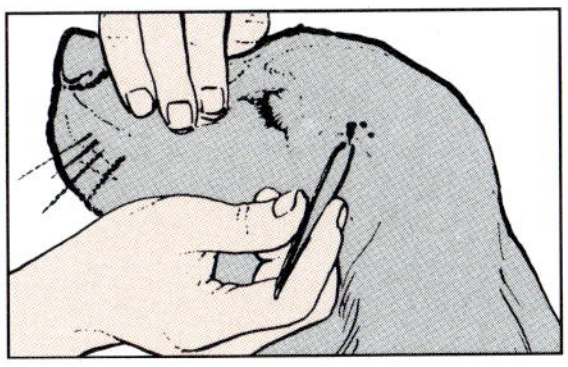

REPRODUCTION

ÉCLAMPSIE

Ce cas d'urgence peut se produire pendant la phase d'allaitement des chiots par la femelle, trois semaines après la mise bas. Consultez immédiatement votre vétérinaire.

PARAPHIMOSIS

(Voir page 120.)

Cet engorgement du pénis survient après saillie. Le cocker mâle ne parvient pas à rétracter normalement son pénis dans le fourreau.

MUSELAGE

Le muselage permet d'examiner un animal nerveux ou souffrant, sans recevoir un coup de croc. Pour cela, bloquez fermement les mâchoires en les entourant d'une bande (voir illustrations). Le muselage est contre-indiqué dans les cas suivants :

- Obstruction des voies respiratoires.
- Perte de conscience.
- Difficultés respiratoires ou blessure thoracique grave.

1 Faites un nœud à la bande.

2 Passez cette bande autour de la gueule du chien, le nœud sous la mâchoire inférieure.

3 Nouez fermement la bande derrière la tête.

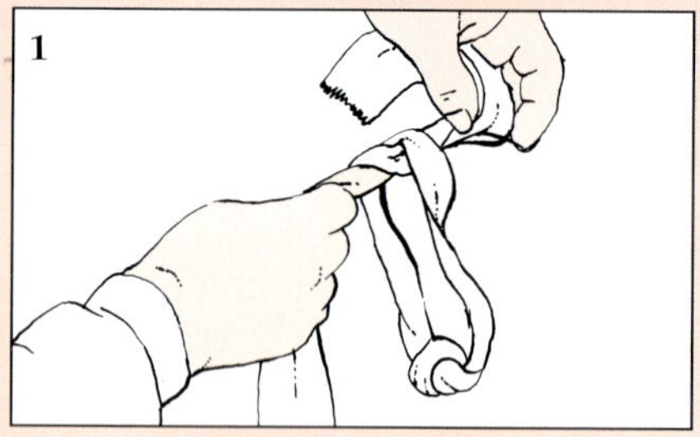

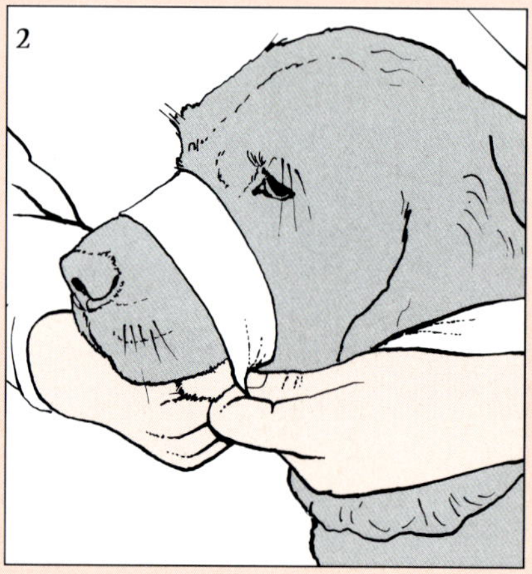

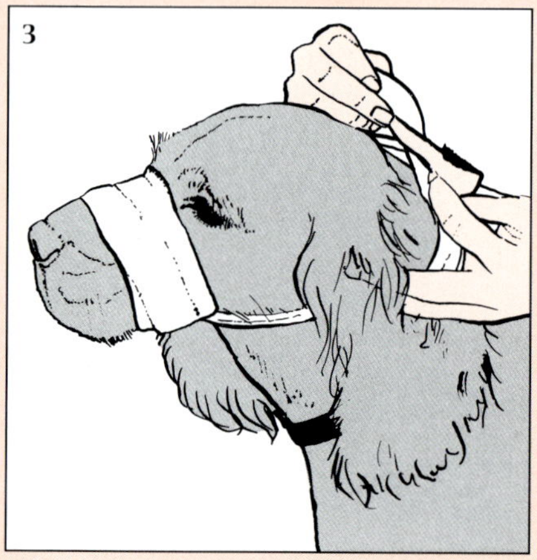

Allure
Façon dont le chien se déplace à des vitesses différentes.
Angulation
Situation de l'angle formé par des os au niveau d'une articulation.
Arrière-main
Commence derrière les côtes, concerne le train postérieur.
Articulé en ciseaux
Disposition de la mâchoire donnant une grande puissance : les dents du haut avancent légèrement sur celles du bas.
Coude
Articulation entre le bras et l'avant-bras.
Croupe
Partie du corps allant de l'avant du bassin à la base de la queue.
Ergot
Doigt supplémentaire correspondant au pouce, situé en hauteur vers la face interne de la patte.
Flanc
Côté du corps situé entre la dernière côte et la hanche.
Franges
Longs poils situés sur la tête, les membres, l'arrière du fessier ou la queue.
Garrot
Endroit du corps situé entre les deux épaules marquant la partie la plus haute du thorax.
Grasset
Articulation des postérieurs correspondant au genou.
Métacarpe
Partie du corps située entre le poignet (carpe) et les doigts des antérieurs.
Mise bas
Terme désignant l'accouchement chez les animaux.
Occiput
Partie postérieure du haut du crâne.
Œstrus
Période pendant laquelle la chienne est en chaleur et où elle accepte le mâle.
Sous-poil
Pelage serré et très court recouvert par le poil de couverture.
Standard
Description des caractéristiques que devrait avoir un chien d'une race donnée, établie par la FCI.
Stop
Partie de la tête entre le crâne et le chanfrein, plus ou moins marquée selon les races.

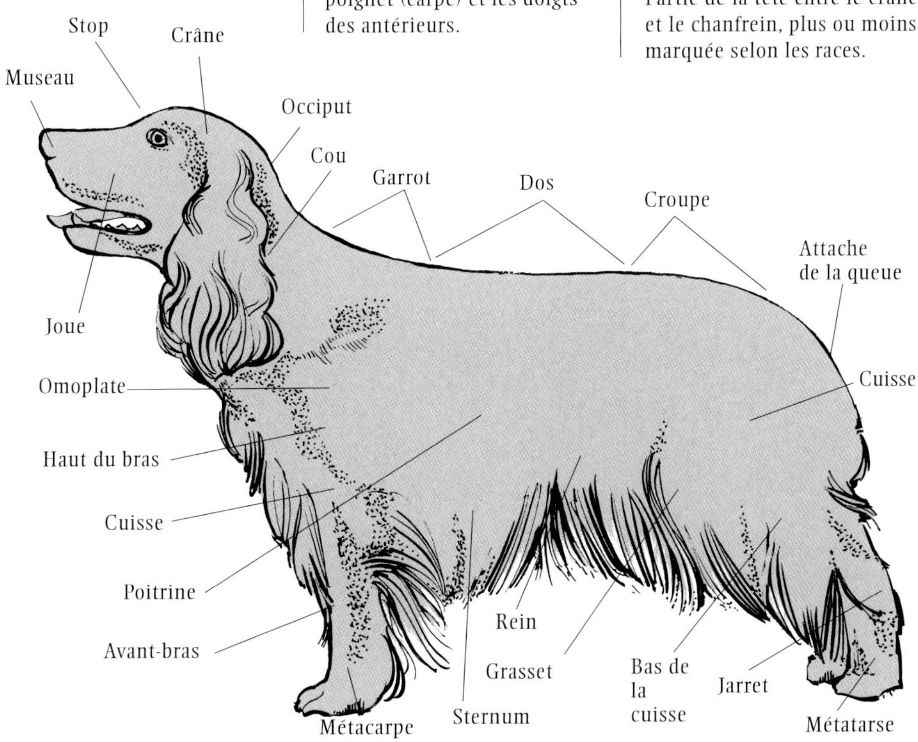

D

E

Société centrale canine (SCC)
155, av. Jean-Jaurès
93535 Aubervilliers Cedex
Tél. : 01 49 37 54 00

Société protectrice des animaux (SPA)
30, av. du Général-de-Gaulle
92230 Gennevilliers
Tél. : 01 47 98 57 40

Assistance aux animaux
23, av. de la République
75011 Paris
Tél. : 01 40 21 96 14

Club des cockers spaniels
Président : M. Arthus
Secrétaire : Mme Courtel
Les Bruyères - Avesnes
76220 Gournay-en-Braye
Tél. : 02 35 90 04 60

Fédération cynologique internationale (FCI)
14, rue Léopold-II
B 6530 Thuin
Belgique

L'édition originale de cet ouvrage a été publiée
sous l'intitulé *Cocker Spaniel - An owner's guide*
par HarperCollins*Publishers*, Londres.

Tous droits de traduction, d'adaptation et
de reproduction totale ou partielle,
pour quelque usage, par quelque moyen que ce soit,
réservés pour tous pays.

CRÉDITS PHOTOGRAPHIQUES

© François Nicaise : couverture et pp. 1, 5, 6-7, 9, 10, 11, 16, 17, 18, 20, 21, 26-27, 29, 30, 32, 47, 48, 50, 51, 55, 59, 69, 78, 79, 81, 83, 84, 85, 87, 90, 91, 93, 94-95.
David Dalton : pp. 3, 14-15, 24, 25, 31, 33, 34, 35, 38, 39, 40, 41, 42, 46, 49, 52, 53, 54, 57, 58, 61, 63, 64, 65, 66, 67, 68, 70, 71, 72, 73, 74, 75, 76, 77.
Sally Anne Thompson Animal Photography : p. 44.
Lesley Scott-Ordish : pp. 2, 19, 31, 37.
Rolando Ugolini : pp. 22, 64, 80.

Édition : Heather Thomas
Illustrations : Al Rockall et Rolando Ugolini
Traduction : Olivier Le Goff
Adaptation : Sandrine Charmeaux
Secrétariat d'édition : Déborah Lacotte
Réalisation : Anne-Marie Le Fur

Dépôt légal : 4779.02.1998
N° éditeur : 42078
ISBN : 2.01.236311.3
23.32.6311.01.7

Imprimé et relié par New Interlitho SpA, Italie

REMERCIEMENTS

L'éditeur tient à exprimer sa gratitude à : *Scampers School for Dogs* pour son aide lors des prises de vues, et remercie tout particulièrement Charlie Clarricoates, Sally Cackett et ses chiennes cockers Andy (Pinecourt Black Feather of Marldona) et Jaz (Bidston Mystery Jangles), Carol Abbot et sa chienne cocker Amber (Windrush Lady), Rolando Ugolini et ses cockers, Leo et Sam (Marldona Early Edition).